成都市机械高级技工学校

安全教育读本

主　编　李堂兵　李　成　张　迅

副主编　董国荣

编　委　何吉伟　赵　伟　高寅强

张　娜　刘培培

北京理工大学出版社

BEIJING INSTITUTE OF TECHNOLOGY PRESS

图书在版编目(CIP)数据

安全教育读本/李堂兵，李成，张迅主编.—北京：北京理工大学出版社，2017.7（2024.8重印）
ISBN 978-7-5682-4465-7

Ⅰ.①安… Ⅱ.①李… ②李… ③张… Ⅲ.①安全教育-中等专业学校-教材 Ⅳ.①G634.201

中国版本图书馆CIP数据核字（2017）第181853号

责任编辑：陆世立 **文案编辑**：陆世立
责任校对：周瑞红 **责任印制**：边心超

出版发行 / 北京理工大学出版社有限责任公司
社　　址 / 北京市丰台区四合庄路6号
邮　　编 / 100070
电　　话 /（010）68914026（教材售后服务热线）
（010）68944437（课件资源服务热线）
网　　址 / http：//www.bitpress.com.cn

版 印 次 / 2024年8月第1版第3次印刷
印　　刷 / 定州启航印刷有限公司
开　　本 / 787 mm×1092 mm 1/16
印　　张 / 11
字　　数 / 226千字
定　　价 / 35.00元

前言

对中职学生进行安全教育，帮助其树立安全意识，确立正确的安全观，掌握必要的安全知识和技能，是培养中职学生现代国民意识、提高国民素质和公民道德修养的重要途径和手段，是贯彻落实科学发展观的具体措施，是维护国家安全和利益的需要，是构建和谐校园的保证，更是中职学生自身健康成长的内在要求。

党和国家十分重视学生安全教育工作，现行多部教育法律法规和多个政策文件对学校开展安全教育做出了明确的规定："学校应当建立、健全安全制度和应急机制，对学生进行安全教育，加强管理，及时清除隐患，预防事故发生。将安全问题列入学校工作的重要议事日程，加强领导。学校各部门和有关群众团体或组织要相互配合，积极开展安全教育，普及安全知识，增强学生的安全法制观念，提高防范能力。"

近年来，我国许多学校在加强中职学生安全教育方面做了大量卓有成效的工作，也进行了不懈探索。但也有一些学校采取实用主义，出事则前，不用则后，断断续续，零打碎敲，流于形式，效果欠佳，教育的深度和系统性有待提高。对中职学生进行安全教育，既要强调安全在人生发展中的重要性，又要关注学生的全面发展、终身发展。通过安全教育，要使中职学生树立安全意识，树立积极正确的安全观，把安全问题与个人发展和国家需要、社会需要结合起来，努力构筑平安人生；要使中职学生了解安全基本知识、安全问题所包含的基本内容、安全保障常识掌握与安全问题相关的法律法规和校纪校规，要使中职学生掌握安全防范技能、安全管理技能，以及以安全为前提的自我保护技能、沟通技能和问题解决技能等。

基于上述理解，编者编写了成都市机械职业技术学校学生《安全教育读本》。本书由李堂兵策划并统稿，李成编写了第一章，张迅编写了第二章，何吉伟编写了第三章，赵平编写了第四章，董国荣编写了第五章，高寅强、张娜、刘培培编写了第六、七章。

本书吸取了兄弟学校学生安全教育方面的经验，力求在编写过程中，集理论性、知识性、实用性于一体，做到理论与实践的统一。本书贴近学生实际，适合在校中职学生阅读，还可以作为学校、家长了解学校安全工作、指导孩子健康成长的有益读物。

目录

第一章 校园安全

导 读

校园是学生能力培养的沃土，是学生学习、生活的主要场所，随着日常生活中安全事故、法律纠纷的日渐增多，校园安全也成为社会关注的热点之一。尤其是中等职业学校，它是培养技能型人才和高素质劳动者的重要基地，教育教学活动中涉及诸多实际实验、实践活动，所以培养良好的职业习惯、职业操守和职业道德尤为重要。安全就是人和物受到保障、免受威胁的状态。自从有了人类，安全问题就一直存在，安全是人类基本的需要之一，并且随着社会的发展其内涵越来越丰富，人类遇到的安全挑战也越来越多。中职学生的安全关系到千家万户的幸福，社会关注度高。中职学生的人身安全和身心健康，是中职学生学习、生活的基本保障，也是中职学生成长、成才的先决条件。要确保中职学生安全、健康地成长，一方面要依托社会、学校的管理和服务，另一方面要提高中职学生自身安全意识和自我救护、防范能力。这就需要我们强化安全意识培养，掌握必要的安全知识、技能和管理能力，养成注重安全的习惯，为以后职场工作打下良好的基础，共同维护生产、生活及社会安全的和谐环境。

一、熟悉校园环境

学校就是学生的“家”，学生要在这里快乐、健康地成长、成才，因此学生要像熟悉自己的家一样熟悉校园。

熟悉校园就是要熟悉校园环境。校园环境主要是指学校的地域环境和学校的内部环境。学校的地域环境，就是指学校所在地区的各种情况、特点和条件，以及它们对学生所产生的作用与影响。例如，学校是在城市还是在农村、是在闹市区还是在郊区、在城市的什么方位、这些地方有什么不同于其他地方的情况、社会治安好不好、有什么不安全的因素等，所有这些，都属于学校的地域环境的内涵。学校的内部环境是指校园的教学环境、生活环境，包括各种建筑设施、道路交通、治安、绿化、管理制度、文娱体育场所等。

进入新的学校，初来乍到，自然很不适应。有的同学考入规模较大的学校，连学校的东南西北也分不清。至于校园外的世界，也就是外部环境，不是一无所知，就是缺乏了解，这势必会给学习、生活带来诸多不便，带来安全问题。因此，作为新生，应该尽快地、主动适应学校的地域环境和内部环境。这样做有如下几点好处。

1. 有利于学习情绪的稳定

进入新的学校大门，人生地不熟，难免会有陌生感。若对校园的环境不了解、不熟悉，就不能适应并开始崭新的生活，从而会影响自己的情绪稳定，影响学习、生活；反之，如果对校园内的环境熟悉了、适应了，就能感到温暖，犹如走进新的家，便会悉心地投入学习。

2. 有利于个人财物的安全

了解和熟悉了学校的内部环境，就能知道校园内的不安全因素，引起思想上的重视；能在发现不安全因素的苗头或问题时，主动与安全保卫部门取得联系，进而采取有力的防范措施，确保个人财物的安全。

3. 有利于警惕校外犯罪活动

如果学校周边的治安环境不好，即使围墙再高，门卫制度再严，外部的犯罪分子仍会不时把“魔掌”伸向学校内部，进行各种偷盗和破坏活动。倘若我们熟悉周围环境，及时了解外部治安情况，那么就能防患于未然。

4. 有利于进行社交活动

学生在学校读书，不能整日整夜待在校园里，总要与外界社会接触，总要与人们交往，总要到外面购物、办事，参加一些社交和其他活动。不熟悉校外的情况，就会感到不方便、不安全，从而影响应有的社交活动。

5. 能使家长放心

学生学会了主动适应学校内部环境，生活有了保证，安全有了保证，家长也就少了一份担心，就不会再牵肠挂肚，为孩子分心。

二、和谐与人相处

人是具有社会性的，每个人都必然要与周围的人打交道。学生是社会的一部分，学生生活在中职校园里，注定要与同学、教师、校园员工等发生关系。和谐处理好与他人的关系将有利于学生的成长、成才，安全地度过美好的学生生活。

(一)处理好与同学的关系

同学是我们在学校里朝夕相处的伙伴，是我们学习知识、共同进步的同志，是我们互帮互助、相互关心的朋友。处理好同学关系，主要应注意以下几个方面的问题。

1. 防止与他人产生纠纷

学生正处在血气方刚、自制力又没有完全达到成熟的时期，有时难免缺乏冷静的态度，从而容易引起各种纠纷。同学之间的纠纷处理不好容易升级为争吵斗嘴、相互攻击、谩骂，甚至大打出手、群体斗殴，造成身体和身心的严重伤害。

学生在校园里发生纠纷，除有可能造成身心伤害外，还有几个方面的危害：一是损害学生的社会形象。当代学生是社会主义建设的创业者、接班人，虽然发生纠纷的只是少数人，但会因此造成大家对学生形象的不良看法。二是阻碍了学校的校风建设，给学校造成不良影响。发生纠纷虽属个人行为，但这些人也是学校的一分子，会影响学校的社会声誉。三是破坏了学生的成才环境，影响学生的健康成长。学生在校期间，主要是培养良好的品德，完成学业。纠纷四起，会给学生思想上带来一些不必要的负担，从而影响品德修养、学业进步。四是影响内部团结，使同学之间、师生之间友谊的发展受到阻碍。纠纷的发生，只会伤害感情，削弱友谊，破坏团结，影响集体，使同学之间、师生之间的信任度降低，难以得到他人真诚的帮助和启发，不能充分增长学识，提高素质。五是葬送自己的前程，造成终生遗憾。纠纷虽由小事引起，但如处理不当，就会违法乱纪，形成刑事、治安等案件，从而葬送自己的前程。

既然纠纷容易引起不良后果，学生就应避免纠纷的发生。怎样才能避免纠纷的发生呢?

(1)保持冷静头脑，克制冲动情绪，严于律己，宽以待人。“猝然临之而不惊，无故加之而不怒”，一方面提高自身修养，另一方面使一切纠纷化为乌有。

(2)相互谅解，尊敬他人，事事注意，可以减少许多不必要的纠纷。

(3)讲究文明礼貌，不恶语伤人，不开过分玩笑。

(4)相互理解、信任，不要相互猜疑，长相知，不相疑，有了分歧及时交换意见，消除误会。

(5)诚实谦虚，加强团结，互相帮助，增进友谊，是消除纠纷的灵丹妙药。

2. 同学之间开玩笑要适度

同学们生活在一个大集体中，随着时间的推移，友谊的增长，彼此之间言谈举止也就不像初进学校时那么拘谨了，平时开玩笑是常有的事。爱开玩笑，是许多同学的性格特征之一。在紧张学习之余，开个玩笑，引起同学们捧腹大笑，不仅会消除精神上的疲劳，而且这种笑声也能使友情更加深一层。因此，开玩笑一般来说是一种生活幽默艺术。然而，如果开玩笑开得过分，就会走向反面，不仅会伤害同学感情，同时也会引起学校的不安宁。因此，开玩笑一定要适度。

(1)开玩笑要注意场合。

(2)开玩笑要注意对象。

(3)开玩笑要注意内容。

(4)开玩笑要有分寸。

(5)开玩笑不能专戳别人的痛处、短处。

(6)不能老拿别人开玩笑。

3. 同学之间不乱起绰号、诨名

绰号和诨名的原意差不多，都是外号的意思，所不同的是诨名带有玩笑之意。同学中不少人读过《水浒传》，梁山上一百零八条好汉，个个都有绰号、诨名，如“及时雨”宋江、“智多星”吴用、“行者”武松、“花和尚”鲁智深、“黑旋风”李逵、“矮脚虎”王英、“一丈青”扈三娘、“鼓上蚤”时迁，等等。这些人的绰号、诨名，无一不反映了他们的个性特征和气质性格，虽然有些绰号看似不雅，但作者没有任何贬义，读者对这些人也从心里感到喜欢。

毋庸讳言，也有一些绰号是明显含有轻蔑、鄙视和贬低的意思的。例如，民间常用的“铁公鸡”“狐狸精”“守财奴”“变色龙”“小爬虫”“马屁精”等，这样一类的诨名、绰号形象地反映了某些人的性格。

起绰号、诨名一般来说不是什么坏事。年轻人在一起，大家熟悉了，彼此根据性格特征、志趣爱好，或由于某一件事产生的影响，起绰号、诨名是常有的事，而且喊起来有一种亲切感，诸如“小天使”“安琅儿”“百灵鸟”“小灵通”“老黄牛”等。但是要坚决反对那种乱起绰号、诨名的行径。那么，同学之间为什么不能乱起绰号、诨名呢?

(1)会伤害同学的自尊心，造成不团结。

(2)会引起被伤害者的报复，造成意料不到的后果。

(3)违反学生行为规范。

(二)处理好与教师的关系

学生在学校是受教育者，教师则是施教者，是为学生“传道、授业、解惑”的。教师既是学生学习知识的引导者，也是学生成长成人的指路人。因此，在校园里，学生与教师必然会有各种联系，师生关系是客观存在的。学生在校园里处理好与教师之间的关系，一方面有利于自己增长知识，早日成才；另一方面也有利于自己身心健康成长。处理好与教师之间的关系，学生们应注意把握如下几点。

1. 尊敬教师

尊师重教是中华民族的传统美德，也是人人都知晓的社会公德。作为接受教育的学生更是传承现代文明的主干力量，尊敬师长是理所应当和必然的。尊敬教师不是口头上喊几声教师，而是要尊重教师的人格，尊重教师的劳动，虚心向教师学习，听取教师的教诲，遵章守纪。

2. 谦虚求学

学生到学校是学习知识的，要把教师当作求知的引路人。俗话说得好，“师傅引进门，修行在个人”。意思是说，教师只是为我们开启知识的大门，帮助解决我们学习过程中遇到的困惑，教给我们学习的方法。而要真正学有所成，必须靠自己的潜心研修，刻苦钻研。每个教师都有自己的专业方向，每个教师的学识也会受到各自教育背景和所处时代局限性的约束，因而教师的知识结构会各有不同。学生不能把教师当作无所不能、无所不知的全才，要知道“闻道有先后，术业有专攻”的道理。

3. 自尊自爱

校园里有明显的竞争，如评优评先、各类技能大赛、考试等。学生可以通过自己的努力，按照公平竞争的原则去争取属于自己的东西，这是学校提倡和鼓励的，也有利于倡导良好的学风、校风。

(三)处理好与校园员工的关系

在校园里生活，每天要打交道的除了教师和同学之外，还有服务在各自工作岗位上的校园员工，这些员工为我们的学习、生活提供了良好的条件，同学们在校园里安心学习，健康成长，时刻都离不开这些员工。因此，我们应当积极主动地处理好与校园员工的关系，要做到以下几点：尊重他人人格、尊重他人劳动、服从管理。

第一节　教学楼和实验室安全

一、情境感悟

案例 1：2009 年 12 月 7 日晚 9 时 10 分，湖南省湘乡市育才中学下晚自习时教学楼楼梯间发生严重的踩踏事故，8 名学生死亡，26 名学生受伤，其中 3 人重伤。

案例 2：2010 年 3 月 22 日 9 时 35 分，在乌鲁木齐八一中学附小存放清雪设备的工具房小院内，三个年级(分别为三、四、五年级)的学生领完清雪工具通过院内一条长约 50 米、宽约 1.5 米的狭长巷道时，三年级一名学生摔倒后被身后的同学踩压，随后立即被教师送往乌鲁木齐市建工医院实施抢救，于当日 22 时宣告抢救无效死亡。踩踏事件还造成一名学生膝关节脱位，两名学生软组织挫伤。

案例 3：2010 年 11 月 29 日 12 时许，位于新疆阿克苏市杭州大道的阿克苏第五小学发生踩踏事故。此次踩踏事故中共有 123 名学生入院检查，41 名住院学生中有 1 人因脏器严重受损病危，有 6 人重伤，另有 34 人轻伤。

问题：亲爱的同学，请你想一想，我们的校园一旦发生了踩踏事故将会有怎样的后果呢？

怎么做到？我的思考是：____________________

____

____

____

二、知识探究

校园拥踏事件主要发生在空间有限而人群又相对集中的场所，如学校楼道、洗手间附近、室内通道或楼梯等，人群的情绪如果因为某种原因而变得过于激动，置身其中的人就有可能受到伤害。

(一)在拥挤的人群中你知道怎样保障自己及他人的安全吗?

在人流量大的地方极易发生踩踏事故，所以大家应尽量避免靠近人多、拥挤的地方，如果不小心置身其中，可以按以下方法处理。

(1)在拥挤的人群中，牢记上下楼梯靠右行。要时刻保持警惕，不要慌乱，应马上避让到一旁。当发现有人情绪不对，或人群开始骚动时，就要做好准备，保护自己和他人。

(2)遭遇拥挤的人流时，一定不要采用体位前倾或者低重心的姿势，即便鞋子被踩掉，也不要贸然弯腰提鞋或系鞋带。混乱之中，应稳住双脚，千万不能被绊倒，避免自己成为踩踏事件的诱发因素。

(3)当发现自己前面有人突然摔倒了，要马上停下脚步，同时大声呼救，告知后面的人不要向前靠近。

(4)若被推倒，要设法靠近墙壁。面向墙壁，身体蜷成球状，双手在颈后紧扣，以保护身体最脆弱的部位。

如果拥挤的人流出现混乱，一定要保持冷静，听从现场统一的指挥，不要跟着盲目拥挤，避免发生更大的悲剧。

(二)发生事故后你知道应该怎么处理吗?

如果发生事故，面对惊慌失措的人群，一定要保持情绪稳定，不要受别人影响。惊慌只会使情况更糟，大家可以按以下方法处理。

(1)如果发生踩踏事故，应及时向教师、学校报告或报警，联系外援，寻求帮助。赶快拨打“110”“119”或“120”电话。

(2)在医务人员到达现场前，要抓紧时间用科学的方法开展自救和互救，尽量减少伤者的痛苦，避免更大的伤害。

发生严重踩踏事件时，常见的伤害就是骨折、窒息。必须先将伤者平放在木板上或较硬的垫子上，解开衣领、围巾等，使伤者保持呼吸道畅通。

温馨提示

由于学校各个班级下课或放学的时间都是统一的，因此在上下楼梯的时候几乎是在同一时间内，而楼梯的宽度和扶手的承重能力又是有限的，这就要求同学们在上下楼梯时必须做到以下几点。

(1)文明礼貌，互相谦让，遵守秩序，相互爱护，靠右慢行，同学们要进一步提高警惕，高度重视楼梯间发生拥挤的安全隐患，时时把学校的安全教育牢记在心。

(2)不要在楼梯间快速猛跑、追逐打闹，不要在楼梯间进行任何形式的娱乐玩耍，更不能在上下楼梯的时候恶作剧。

(3)爱护楼梯间的栏杆、照明灯具等设施，发现问题应及时向教师报告。

(4)听从楼道值守教师的指挥，遵守秩序。

同学们应该重视踩踏事件的防患，增强安全意识，学习应对踩踏事件的知识，多开展一些紧急疏散演练，在下课、放学时间更要避免人群集中，遵守秩序等，避免踩踏事件的发生。

(三)教室内活动应注意“六防”

一防磕碰：多数教室空间比较狭小，又有桌椅等用品，所以不应在教室中追逐、打闹、做剧烈的运动和游戏，以防止磕碰受伤。

二防滑、防摔：教室地板清洁卫生后比较光滑，要注意防止滑倒受伤，需要登高打扫卫生、取放物品时，邀请其他同学加以保护，注意防止摔伤。

三防坠落：擦楼房窗户玻璃时，不要将身体探出窗外，谨防发生坠楼危险。

四防挤压：教室的门、窗户在开关时容易掩手，也应小心，留意被夹到手或夹到别人。

五防火灾和触电：不要在教室里随便玩火，不要随意动插座、教学设备，更不能在教室里吸烟、燃放爆竹等。

六防工具意外伤害：改锥、刀、剪子等锋利、尖锐的工具，图钉、大头针等文具用后应妥善存放起来，不能随意放在桌椅上，防止有人受到意外伤害。

(四)实训安全常识

学校在培养学生过程中，注重求知、体验、科学、全面发展，为此在教学活动中经常开展实验、实践课，学生不可避免地会与一些有毒或易燃易爆物品接触。有的学生对所接触的物品不注意识别，知其然而不知其所以然，与危险品接触而不知如何防范危险的发生；有的学生对危险品不是不知道，而是马马虎虎，怕麻烦，图省事，不按规程操作，造成安全事故。在与这些危险品接触的过程中，学生应懂得危险品的性质和危害性，要严格按照规程进行操作，以确保安全。

实训室，尤其是汽车修理、数控专业，有很多易燃、易爆、有毒、易腐物品，在使用和管理这些物品时，教师和学生都要格外注意安全。实训室管理人员或指导教师应对进入实训室的人员进行防火安全教育，了解实训中可能发生的危险和必要的安全常识，使之能够了解实训室内水、电、气的开关和灭火设备的位置以及安全出口等。

(五)避免事故，我们跟这些说“不”

1. 实训室的火灾

(1)在实训室(工厂)内严禁烟火。

(2)供电线路老化、短路、超负荷运行。

(3)忘记关电源，致使通电时间过长、电器温度过高和电线发热。

(4)电器操作不慎或使用不当。

(5)易燃物品保管或使用不当。

(6)不遵守实验、实训室安全管理规程，违反操作规则，实验中擅自脱岗等。

2. 实训室的爆炸事故

(1)违章操作，没有遵守安全管理规定。

(2)设备老化，存在故障，未及时检修。

(3)易燃、易爆物品管理不善，发生泄漏，遇火花引起爆炸。

3. 实训室的中毒事故

(1)将食物带进有毒物实验、实训室或将食物与有毒物品共同存放，造成误食。

(2)因管理不善，造成毒品散落流失，引起环境污染。

(3)排风、排气不畅，毒气难以散出，致使未离开实验室的人员中毒。

(4)废水排放管路受阻或失修改道，造成有毒废液流出，致使环境污染，引起中毒。

(5)没有按规定穿防护服装、戴防毒面具等进行有效防护。

(六)预防危害

实训室火灾的预防措施如下。

(1)参加实验、实训的学生在实验前要认真检查实验设备的安全性能，发现电线及设备存在故障时，应及时报告实验、实训室管理人员。

(2)学生进入实验、实训室应严格遵守实验、实训室管理规定，不得违规在实验、实训室内吸烟或使用电器。

(3)参加实验的学生操作设备时应精力集中，使用易燃、易爆物品时更要谨慎小心，实验结束前学生不得擅自脱岗，以防发生火灾事故。

(4)参加实验的学生要了解实验、实训室灭火器材的种类、存放位置和使用方法，一旦实验、实训室发生火灾，在报警的同时，立即使用灭火器材灭火。

爆炸是大量能量在短时间内迅速释放或急剧转化成机械能的现象。学校实验、实训室的爆炸事故多发生在具有易燃、易爆物品和高压容器的实验、实训室。

实训课是学生在校学习的重要课程，学生在做实验时要注意安全。实验用品大多是易燃、易爆、强腐蚀的化学药剂和有毒、有害、强电流的高危物品，实验的新奇又使得学生处于兴奋状态，因此要做好实验、实训课的安全管理，并使学生安全使用实验用品。

三、活动体验

学习了实训场地的安全知识，同学们一定会对实训安全事故深感害怕，所以我们千万不要忽视实验、实训室安全，要严格遵守实验规程，严格按照实训教师的指导和要求进行操作。为加强实验、实训室的安全管理，实验、实训室内需要张贴“实训场地安全须知”，你认为安全须知中应包括哪些内容？请写出具体的条目。

实训场地安全须知：____

____

____

____

四、头脑风暴

1. 你在学校的实训室里发现了哪些安全隐患呢？教师，我想对你说：

2. 遇到各类安全危险，请仔细想一想，你是不是都能化险为夷，成为“安全小卫士”呢？

五、评价与考核

评价方式	自我评价	相互评价	小组评价	教师评价
评价内容				
备注：根据项目开展需要选择评价方式				

第二节 预防体育运动损伤

我国的教育方针要求同学们在德、智、体诸方面得到全面发展。体育，作为教育内容的重要组成部分，正越来越受到广大青年的重视。各种体育活动与重大比赛吸引了一大批体育爱好者的积极参与。体育锻炼增强了他们的体质，促进了他们对文化知识的学习。

学校的体育活动内容很多，丰富多彩，如每周的体育课、每天的早操、课间操(包括眼保健操)，课外活动的各种体育锻炼、体育比赛，各种运动队的集训和运动会。此外，同学们早晨还进行早锻炼和单项锻炼。有时，一些同学还要去校外参加体育比赛。总而言之，体育与同学们的关系非常密切。

但是，如果同学们不注意安全，不努力消除和克服体育活动中的不安全因素，有时也会适得其反，甚至威胁着同学们的生命。

那么，如何才能消除体育活动中的不安全因素呢？

1. 要量力而行

青少年学生，因性别、体质、兴趣、爱好以及原有的体育锻炼基础等不同，因而锻炼强度和锻炼项目各人要根据自己的实际情况决定，千万不可不加考虑、不加选择地去参加，以免在运动中出现体力不支等问题。例如，有的同学平时跑 400 米都不行，学校举行运动会，居然报名参加 5 000 米长跑比赛，结果只跑两三圈就累倒、晕倒。这就是不量力而行。

2. 要先做准备活动

参加体育活动，尤其是体育比赛，运动量总是在逐步地增加的，如不先做准备活动，就立即投入，那么往往会出现不安全的问题。例如，压腿运动，它不仅是一个关节的运动，而且是包括膝、髋、腰、颈等关节的运动。若平常缺乏锻炼，参加体育运动前又不做准备活动，就会造成肌肉、韧带的撕裂损伤。

3. 要掌握技术要领

任何一个体育项目都有其一定的要领和技巧，只有知道了如何去做，才不会出问题。所以，掌握这些技术要领和运动技巧，并从思想上加以重视，才可以避免各种损伤事故。

4. 要克服麻痹大意的思想

无论是参加体育活动还是参加体育比赛，同学们都不能有麻痹思想，错误地认为自己“很有把握”“没有问题”，从而忽视安全保护措施。有些体育项目，还要请人加以保护，以防闪失。例如，单、双杠项目，有时有些世界冠军也有闪失，从空中摔下来跌伤，更何况我们青少年同学呢？如某高校就有学生自以为自己是“体育王子”，做双杠动作时飘飘然，结果从高处摔下，脖子被扭伤，后来经过整形才幸运得以恢复。

5. 要持之以恒

锻炼身体能否达到增强体质的目的，关键在于是否能坚持锻炼，持之以恒，如果采取“三天打鱼，两天晒网”式的方法锻炼，或者朝秦暮楚，见异思迁，则不仅掌握不到一项体育技能，不能增强体质，而且也会造成不安全。例如，有的同学很久不锻炼，学校召开运动会时，班级一旦要他们报名比赛，他们便“临时抱佛脚”，锻炼两三个早晨就上赛场，结果不但没有取得好成绩，而且有的还被救护人员用担架抬下了赛场。

6. 不要有锦标主义思想

参加体育比赛，争取好的名次和成绩是完全应该的。可是在某些学校的一些比赛中，由于班级里的运动员和同学锦标主义思想比较严重，有时为了争分、夺名次，会发生争吵，甚至打架，造成伤害事故，那就违反了“友谊第一，比赛第二”的宗旨了。

7. 要做文明观众

在青少年同学中，体育迷实在不少，这些学生经常观看校内、校外的体育比赛，有时还做拉拉队，呐喊助威，但是其中也有些同学常常违反比赛纪律，做出不文明的事情。例如，乱扔果皮、乱吐口水等，引起了公愤，甚至挨打致伤。此外，有的同学越过警戒线围观，结果头部被铅球砸开，身体被标枪刺伤。这类例子在学校的体育比赛中时有发生，同学们一定要引起重视。

一、情境感悟

小苏是厦门市某校的学生。一天下午，体育教师组织小苏所在班级上体育课。在全班学生做了准备活动后，教师安排该班男生进行过天梯运动，并强调男生在过天梯过程中应注意安全，一次抓杠不能超过两格。小苏在过天梯练习中，见同班同学王刚能从起点位置跳跃抓住天梯的第五格，不服气的他立即表示要超过王刚，随即从起点位置跳跃欲抓天梯的第七格，却未能抓住梯杠，从天梯上摔了下来。由于天梯底下的沙子流失，地质坚硬，又没有增设海绵垫和其他保护设施，小苏着地时左臂受伤。

你记得上体育课时教师告诉过自己要注意些什么吗？

____

____

____

____

二、知识探究

生命在于运动。中学生正处在长身体的阶段，适当参加体育锻炼对身体发育和健康成长都有积极的促进作用。但是，中学生的发育尚未成熟，骨骼、内脏等都比较稚嫩，在参加体育运动时稍有不慎，不仅不能起到健身作用，相反还会损伤身体，甚至造成残疾，危及生命而导致终身遗憾。

学生参加体育活动，应当贯彻持之以恒、循序渐进、量力而行、合理安排、全面发展的原则。

引以为戒　在某学校学生春季运动会上，多次获得 3 000 米项目冠军的长跑运动员张某再次夺魁。下场后，张某一下子瘫倒在跑道上。他口吐白沫，一句话也说不出来。学校急忙把他送往医院进行抢救，但张某终因抢救无效而死亡。调查和尸检表明，张某患有感冒，并发病毒性心肌炎，加上比赛中的剧烈运动，最终导致心力衰竭而死亡。

(一)你知道操场上应当遵守的运动规则吗?

在操场上，可以进行多种运动项目的体育锻炼，遵守相应的运动规则是运动安全的重要保证。

(1)做全身准备活动，以防肌肉拉伤、扭伤。

(2)短跑等项目要在规定的跑道进行。

(3)跳远时，必须严格按教师的指导助跑、起跳。

(4)在进行投掷训练(如投铅球、铁饼、标枪等)时，一定要按教师的口令进行。

(5)在进行单、双杠和跳高训练时，器械下面必须准备好厚度符合要求的垫子。

(6)在进行跳马、跳箱等跨越训练时，器械前要有跳板，器械后要有保护垫，同时要有教师和同学在器械旁站立保护。

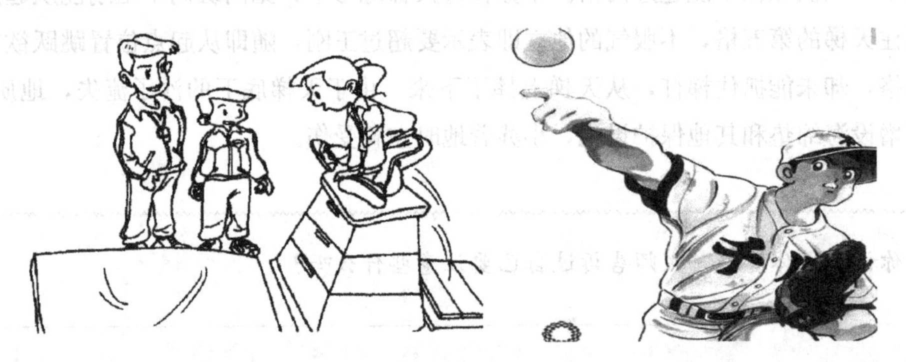

(7)做前后滚翻、俯卧撑、仰卧起坐等垫上运动项目时，要严肃认真，不能打闹，以免发生扭伤。

(8)参加篮球、足球等项目的训练时，要学会保护自己，不要在争抢中伤及自己或他人。

(二)你知道如何防止体育运动损伤吗?

体育课主要是以身体活动为表现形式的体育教育，为提高身体素质和机能，活动中不可避免地使身体承受一定或相当大的运动量和运动强度。因此在每次进行具有一定运动量和强度的练习前，教师必须告知学生有关活动对身体可能造成的影响，避免使身体处在不良状态下的学生参与本次活动。同时，教师应在了解该项目可能造成的运动损伤的基础上，有针对性地对学生进行教育，使学生能正确锻炼和使用器材，避免、减少或减轻运动伤害。

(1)课前及课上，教师应对每个学生的身体状况有一定了解，做出合理的安排。学生如有身体不适感，应立即告知任课教师。同学们还应主动向任课教师告知既往病史，以有利于教师做出合理的上课安排，避免对身体造成不利；患有心脏病或身体不适的同学，不可参加紧张剧烈的体育活动，以免对身体造成伤害，严禁参加体育竞赛；有既往病史的学生应主动去医院检查，由医院出具上课建议。

(2)做好运动前的准备活动。要做好运动前的准备工作，一是要身着运动装，充分做好准备活动；二是要养成先检查场地器材，然后锻炼的良好活动习惯。

(3)学生在运动时应听从教师安排，保持注意力集中，不要嬉笑打闹。

(4)在体育运动中，时常会发生关节扭伤。如果扭伤部位不青不肿，说明是轻伤，只需休息片刻用手揉一揉即可。如果扭伤很重，肿胀厉害，应立即做冷敷，用冷水毛巾包起来或用凉水浸泡伤处，使局部温度下降和受伤部位的血管收缩，以起到止血和减轻肿胀的作用，经过上述简单处理后，应当立即到医务室或医院进行诊治。如果发生骨裂、骨折或韧带撕裂等，应当立即送医院诊治，切不可自行处理，以免造成严重后果。在不明伤情时，切忌毫无急救常识即实施拉、扯、复位等处置，以免加重伤情。

(5)做好运动后的整理活动。剧烈运动后做一些深呼吸和慢跑活动，是十分必要的。

(6)运动后不要立刻喝大量白开水，更不应暴食冷饮，而需要多喝盐开水。

(三)你知道运动会应当注意哪些安全事项吗?

由于运动会竞争项目多、持续时间长、运动强度大、参加人数多，因此，安全问题非常重要。在运动会中需要遵守以下几点要求。

(1)要遵守赛场纪律，服从调度指挥。

(2)参加比赛前做好准备活动，以使身体适应比赛。

(3)在临赛前，要注意身体保暖。

(4)临赛前不可吃得过饱或者饮水过多。

(5)要在指定的地点观看比赛。

(6)比赛结束后，不要立即停下来休息。

温馨提示

体育课大多是全身运动，运动量大，而且使用很多体育器材，为了安全，对上体育课的衣着有一定的要求。

(1)衣服要宽松合体，最好不穿纽扣多、拉锁多或者有金属饰物的服装，应该穿运动服。

(2)上衣、裤子口袋里不要装钥匙、小刀等坚硬、锋利的物品。

(3)不要佩戴各种金属的或玻璃的装饰物，头上不要戴各种发卡。

(4)尽量不要戴框架眼镜。

(5)不要穿塑料底的鞋或皮鞋，应当穿球鞋或一般胶底布鞋。

三、活动体验

在一天下午的课外活动时，某校举行篮球比赛，球场上的(5)班和(6)班打得比分不相上下。还有三分钟就要结束比赛了，(6)班再进一球就会获胜，否则就会以一分之差输给(5)班，这可急坏了(6)班的球员李伟，他抓住机会夺球，一个箭步往前抢着上篮，与前面的毛明碰个正着，两人同时跌倒在地上。由于篮球先落地，李伟的膝盖刚好垫在球上，而毛明正好坐在李伟的小腿上，只听“咔嚓”一声，李伟的小腿骨被毛明坐断了。

问题一：你喜欢做哪些体育运动呢？

问题二：在你做自己喜欢的运动时会怎样防止损伤？

问题三：如果有同学在体育运动中受伤了，但又不知道伤情如何，你会怎么帮他？

四、头脑风暴

我对学校体育运动和体育课的小建议：

五、评价与考核

评价方式	自我评价	相互评价	小组评价	教师评价
评价内容				
备注：根据项目开展需要选择评价方式				

第三节　课余生活安全

一、社团活动安全

社团活动是校园文化活动的重要构成部分，学生参加正常的社团活动有利于提高自己的综合素质，使各方面的能力得到提高，也能极大地充实自己的课余生活。因此，学校鼓励学生积极加入合法的社团组织，在不同的舞台上展现自己的风采。学生参加社团活动要注意如下事项。

(一)加入合法的社团组织

合法的社团组织是在相关部门登记备案并获准成立的群众组织，它要接受党的领导并遵守国家的法律和相关规章制度。

学生进入学校后，要根据自己的兴趣和特长选择加入适合自己的社团，积极倡导先进文化，对丰富课余生活有积极的作用。但有少数同学进校后，不能分辨和识别合法社团与庸俗小团体之间的区别，盲目加入，结果使自己陷入矛盾和纠纷之中。

(二)开展合法、健康的社团活动

积极健康的社团活动可以丰富校园文化生活，为同学们展示青春风采提供宽阔的舞台，也能为学生锻炼各方面的才能提供机会，是校园里受到师生欢迎和喜爱的文化活动。学生在开展社团活动的时候，一定要在专业教师的指导下办理好相关手续，按照规定的程序和方式在规定的地点和时间开展活动。

二、休闲和娱乐安全

学生在校园里除了学习和体育运动之外，还有许多空闲的时间，很多同学利用这个时间参加一些休闲活动，如下棋、唱歌、跳舞、演奏器乐、切磋书画技艺等，都可以陶冶情操，为生活增添情趣。但是有些同学在校园里不太注意休闲、娱乐的方式，往往一不小心违反校纪校规，甚至于酿成悲惨的后果。所以，学生在校园里要参加一些健康、文明的休闲、娱乐活动，特别要注意以下几点。

(1)不赌博。平时在寝室里玩扑克、桥牌，都是非常放松的休闲活动，有时也很益智。但一旦把娱乐与钱物挂钩，性质就发生了根本转变。少数同学还可能赌博上瘾，把自己的学费和生活费都输掉，最后走上犯罪的道路。

(2)不吸毒。毒品离我们的生活并不遥远，学校是一个小社会，学生如果缺乏警惕，把握不好，一不小心就会被毒品侵蚀。也有少数学生因一时冲动和好奇，染上毒瘾。一旦染毒，人的意志会被彻底摧毁，人的一生将走向毁灭，家人和朋友也会受到伤害。

(3)不酗酒。学生经常会有一些交际应酬，如朋友聚会、同学过生日等，几个朋友在一起庆祝一下，能增进感情，增加快乐。但少数同学往往在这时候不能控制自己，畅怀豪饮，最后让别人喝得“翻江倒海”，自己也不省人事。这对自己和他人都是极端不负责任的，因为这不仅伤害自己和他人的身体，还很容易引起安全事故。

问题一：你喜欢哪一个社团呢？社团的优势是什么？

问题二：你在学校内有哪些不良的生活习惯？

三、头脑风暴

我对学校社团的小建议：

四、评价与考核

评价方式	自我评价	相互评价	小组评价	教师评价
评价内容				
备注：根据项目开展需要选择评价方式				

第四节　严防被盗

一、情境感悟

盗窃案在学校发生的各类案件中是最多的，占90%以上。被盗案件多数发生在宿舍、图书馆、教室，这类盗窃案件占主要比例。究其原因，一方面是学生防范意识不强，给犯罪分子以可乘之机；另一方面是少数学生对自己要求不严，守法意识淡薄，人生观和价值观发生扭曲，追求享乐，盲目攀比，不顾家庭和自己的经济承受能力，没有钱就去偷，见好东西就拿，违法乱纪，有的甚至逐步走上犯罪道路。

案例：某校学生薛某，先后五次盗窃同学韩某、刘某、杨某现金200多元，王某的手机一部。他的作案手法很简单：同学刘某因要打篮球回宿舍换衣服，走得急，没关门，薛某趁机溜了进去，从刘某刚换下的衣服中偷走50元。薛某见另一个宿舍里没有人，就溜进该宿舍，用同学杨某放在桌子上的钥匙打开他的柜子，偷走100元。同学王某的手机经常放在床上，终于被偷。这个案例告诉我们，宿舍中的盗窃案件特别是内盗案件，和同学们的生活习惯有关，日常生活中的疏忽大意，常常给作案人提供机会。

(一)盗窃罪

根据《中华人民共和国刑法》(以下简称《刑法》)的规定，盗窃罪，是指以非法占有为目的，秘密地窃取数额较大的公私财物的行为。其主要特征如下。

(1)在客观方面表现为秘密窃取数额较大的公私财物的行为。所谓“秘密窃取”，是指行为人采取自认为不会被财物的所有者、保管者或经手者发现的方法，暗中窃取财物。盗

窃的手段多种多样，如撬门扭锁、挖洞跳窗、溜门串户，或在公共场所掏兜割包、顺手牵羊等。秘密窃取财物是盗窃罪与抢劫罪、诈骗罪相区别的主要标志。盗窃数额较大，是构成盗窃罪的法定必要条件。盗窃财物数额的大小，反映了盗窃行为对社会危害程度的大小，是区别罪与非罪、衡量罪刑轻重的重要标志之一。对于盗窃财物数额不是较大、情节显著轻微、社会危害性不大的，如小偷小摸行为等，可以认为不构成犯罪。《刑法》将盗窃数额划分为数额较大、数额巨大、数额特别巨大三个层次，以此作为盗窃罪定罪量刑标准。根据1998年最高人民法院、最高人民检察院、公安部《关于盗窃罪数额认定标准问题的规定》：个人盗窃公私财物，"数额较大"，以500元至2 000元为起点；"数额巨大"，以5 000元至20 000元为起点；"数额特别巨大"，以30 000元至100 000元为起点。各省、自治区、直辖市，可以根据本地区经济发展状况，并考虑社会治安状况，在上述数额幅度内，研究确定本地区执行的具体数额标准。

(2)主体为一般主体。满16周岁且具有完全行为能力的自然人即可成为盗窃罪的主体。

(3)在主观方面只能是直接故意。行为人必须意识到自己窃取的是公共财物或他人财物，并有非法占有的目的，否则就不构成盗窃罪。

关于盗窃罪的处罚，《刑法》第二百六十四条规定：盗窃公私财物，数额较大的，或者多次入户盗窃、携带凶器盗窃扒窃的，处三年以下有期徒刑、拘役或者管制，并处或者单处罚金；数额巨大或者有其他严重情节的，处三年以上十年以下有期徒刑，并处罚金；数额特别巨大或者有其他特别严重情节的，处十年以上有期徒刑或者无期徒刑，并处罚金或者没收财产。盗窃金融机构，数额特别巨大及盗窃珍贵文物，情节严重的，处无期徒刑或者死刑，并处没收财产。

(二)一般盗窃行为与盗窃罪的区别

一般盗窃行为，是指以非法占有为目的，秘密窃取公私财物，数额较小，尚不构成刑事处罚的行为。一般盗窃行为和盗窃罪的主要区别如下。

(1)盗窃数额不同。一般盗窃行为的盗窃数额尚未达到《刑法》关于盗窃罪规定的“较大数额”。

(2)性质不同。一般盗窃行为是一般的违法行为，盗窃罪是犯罪行为。

(3)处罚的依据不同。对盗窃行为的处罚依据是《中华人民共和国治安管理处罚条例》(以下简称《治安管理处理条例》)，这种处罚是国家行政机关的行政处分；对盗窃罪的处罚依据是《刑法》，这种处罚是国家司法机关的刑事处分。

(4)法律后果不同。一般盗窃行为在行政处罚后被认为有劣迹，不可能构成累犯；盗窃罪在刑事处罚中被认为有前科，可能构成累犯。

(三)一般盗窃行为与未经同意擅自借用他人物品行为的区别和联系

一般盗窃行为与未经同意擅自借用他人物品行为的主要区别如下。

(1)在行为目的上，前者以非法占有为目的，后者不具有此目的。

(2)在行为方式上，前者对盗窃的物品，或秘密使用或转移他处，后者则公开使用。

(3)在行为结果上，前者一般不会将盗取的物品归还失主，即使归还也只是一种悔过的表现，不影响盗窃行为的成立，后者是有借有还。

两者也存在一定的联系：行为人擅自借用他人物品之后，决意占为己有，秘密使用或转移他人物品，就可能转化为一般盗窃行为。

(四)学校盗窃案件的行窃方式

行窃方式，是指盗窃案件中，作案人窃得他人财物的方法，包括作案人入室、窃得财物、逃离现场所选择的方法。

(1)顺手牵羊，是指作案人本无盗窃的意图，偶然发现宿舍无人，对放在桌子上、床上等处的现金、校园卡、贵重物品临时起意，信手拈来，迅速离开。由于作案人本无盗窃的预谋，也就谈不上行窃方式的选择。盗窃的成功完全是宿舍同学防范意识薄弱、疏忽大意造成的。

(2)溜门串户，是指作案人的作案地点不确定，以找人、推销为名，发现房门未锁，宿舍无人，便趁机入室行窃。作案人明白，宿舍门未锁，主人必定离开不远，随时可能回来，故作案时间很短。作案人之所以选择这种行窃方式，是因为无论同学们防范意识有多强，总有个别同学一时疏忽，给作案人以可乘之机。

(3)翻窗入室，是指作案人翻越未装防盗网的宿舍窗户或爬越走廊，窗户入室行窃。作案人窃得财物后，常常堂而皇之地从大门离去。作案人之所以选择这种行窃方式，主要是因为一些高校学生宿舍的防范设施存在问题，应及时改进。

(4)撬门别锁，是指作案人用金属撬棍插入门缝，将暗锁撬开，或者直接将明锁别开入室行窃。作案人入室能力很强，几乎畅行无阻，但是必须携带作案工具，易被人发现，风险较大。作案人之所以选择这种行窃方式，往往是因为掌握了盗窃目标的情况，目标指向明确，不管遇到多大的阻力，志在必得。

(5)窗外钓鱼，是指作案人用竹竿等工具在窗外将宿舍内的衣服或其他物品钩走行窃。住在一楼或其他楼层宿舍窗户靠近走廊的同学，如果缺乏警惕性很容易受害。此类作案人一般是校内的临时工或校外拾荒者，其盗窃目标不定，主要是一些生活用品，窃得的物品一般自己留用。

(6)插片开门，是指作案人利用身份证、饭卡等工具，插入门缝当中，使暗锁锁舌缩进，将门打开行窃。目前，许多高校的宿舍楼使用年头长，楼内的设施老化，宿舍门修修补补，缝隙较大。门锁大多是老式暗锁，没有反锁功能，插片开门很容易。许多学生自己忘带钥匙，也采用这种方法，以图方便。近年来，利用这种方式的盗窃案件呈逐步上升趋势。

(7)偷配同学的钥匙，是指作案人用同学随手乱扔的钥匙，秘密配置相同的钥匙(门钥匙或橱柜钥匙)，伺机作案行窃。有的甚至直接用同学的钥匙打开橱柜，窃得财物。由于被盗同学不良的生活习惯，给作案人可乘之机。

你经历过被盗或被诈骗的类似事件吗？你知道应该如何防止被盗和被诈骗吗？

我的做法是：

二、知识探究

你知道如何守护财产，严防被盗吗？

盗窃，是指一种以非法占有为目的，秘密窃取国家、集体或他人财物的行为。它是一种最常见的并为师生员工最为深恶痛绝的违法犯罪行为。盗窃案在学校发生的各类案件中占 90%以上。

以作案主体进行分类，盗窃案可分为外盗、内盗和内外勾结盗窃三种类型。少数中学生对自己要求不严，人生观和价值观发生扭曲，法律意识淡薄，不顾家庭和自己的经济承受能力，追求时髦，盲目攀比，从而导致没有钱花就去偷，逐步走上了犯罪道路，这是导致学校盗窃案件不断发生的原因之一。

(一)如何保管好自己的现金和贵重物品?

现在的中学生，往往有手机、数码照相机等比较贵重的物品，有的人一次从家中带来或寄来几千元生活费，一旦被盗，不仅会使生活、学习受到很大影响，往往还会影响情绪、分散精力。

(1)现金最好的保管办法是存入银行。尤其是数额较大的要及时存入，千万不能怕麻烦。

①储蓄后要保管好银行卡，将身份证与银行卡分开放，一旦被窃或丢失，便于报案和到银行挂失。

②应选用适当的储蓄种类，就近储蓄，现在很多储蓄所有计算机加密业务，不仅要有银行卡，还需输入正确的密码才能取到款。

③没有密码的储蓄所则可办理凭印章或身份证取款的手续，将印章或身份证随身携带或与银行卡分开放，这样即使银行卡丢失、被盗，也不用担心现金被人冒领。

(2)贵重物品不用时最好锁在抽屉或柜子里，以防顺手牵羊、乘虚而入者盗走。

①放假离校应将贵重物品随身带走或委托可靠的人保管，不可留在寝室。

②住在一楼的同学，睡前应将现金及贵重物品锁入抽屉，防止被人“钓鱼”钩走。

③宿舍的门最好能换上保险锁，易于翻越的窗户要加护栏，钥匙不要随便乱放以防丢失。

④在价值较高的贵重物品上，有意识地做上一些特殊记号，这样即使物品被偷走，将来找回的可能性也要大些。

(二)宿舍防盗应注意的问题

保护好财物不发生被盗，这不仅是个人的事情，而且要依靠全宿舍、全班同学的共同关心。宿舍防盗应注意如下问题。

(1)最后离开宿舍的同学要锁门，要养成随手关门、锁门的习惯。短时间离开宿舍去水房、上厕所、串门聊天或去买饭时也要锁门，一时大意后悔莫及。

引以为戒 一女学生到相邻宿舍办事，没锁门，仅仅几分钟，回来后发现挂在床上的手包连同手机、银行卡等物品被盗，她痛哭不已。

引以为戒 暑假的一天中午，某学校假期返校学生李某停放在宿舍二楼的自行车三分钟就不见了。在查找中，发现一宿舍的门反锁，用钥匙打不开，进而对室内嫌疑人杨某审查。杨某是来找同学的外校学生，不但盗窃了自行车，还盗窃了其他物品。因此，留校学生要支持配合学校做好假期中的住宿管理工作。

(2)做到换人换锁，并且不要将钥匙借给他人，防止钥匙丢失，宿舍被盗。

(三)你知道发现宿舍被盗后该怎么办吗?

发现自己宿舍被盗，不少同学首先想到的是赶紧翻看自己的柜子、箱子、抽屉，查看自己丢失了什么。另一些同学则出于关心、好奇等原因前来围观、安慰。结果，待学校公安保卫部门来到现场时，现场的原始状态已发生很大变动，使得难以对犯罪活动做出准确判断，影响了破案工作。那么，发现寝室被盗后该怎么办呢?

(1)发现宿舍门被撬，抽屉、箱子的锁被撬坏或被翻动，应立即向班主任、学校安保部门报告，并告知有关领导。

(2)封锁和保护现场，不准任何人进入现场。

(3)如果发现存折被盗，应尽快到储蓄所办理挂失手续。

（4）如实回答前来勘验和调查的公安保卫人员提出的各种问题。回答时一要实事求是，不可凭空想象、推测；二要认真回忆，力求全面、准确。

（5）积极向负责侦察破案的人员提供情况，反映线索，协助破案。反映情况时要尽量提供各种疑点、线索，不要觉得此事无关紧要而忽略，也不要觉得涉及某个同学怕伤感情。公安保卫部门有义务为反映情况的同学保密。

第五节　预防食物中毒和传染病

一、情境感悟

2010 年 10 月某日早上 7 时 25 分，广州某旅行团游客在四川海螺沟景区食用当地酒店提供的早餐后出现中毒症状，其中一名女性游客病情严重，于送院后不久死亡。谢某和司机李师傅最早来到明珠花园酒店的餐厅。因为赶着要为游客办退房手续的谢某简单吃了一小碗汤面，舀了点酸泡菜，还吃了一个鸡蛋，一个小花卷，在吃饭的时候，李师傅和他聊起来，“这面条味道好像有点不对劲”。

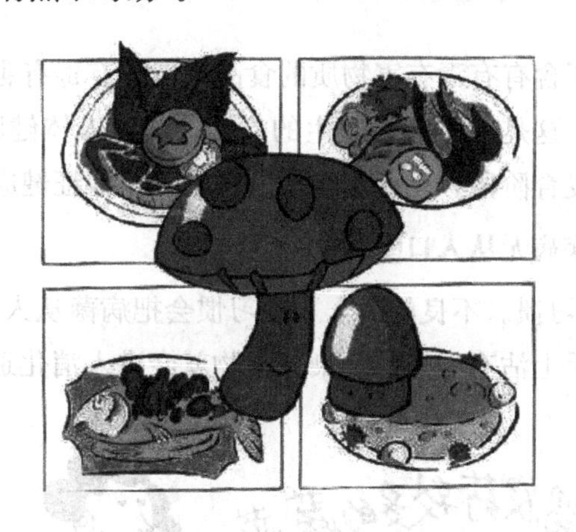

不过谢某并没有细细品味，他心里一直想着送游客回广州的事，“也许是这样的早餐吃得太多了。”谢某说，他回想起来，仍没发现汤面、泡菜味道有什么异味，当时他也没有任何不良反应。谢某带的 13 名游客也几乎吃完了早餐，谢某开始收卡退房。他事后反映，当时就有游客反映头有些昏，起初大家还以为是前两天去了海螺沟有些高原反应，也没有太在意。数分钟后有人胸闷呕吐，惊觉食物中毒紧急送医院。

约 7 时 50 分，情况开始恶化，四五名游客开始胸闷、呕吐，谢某意识到可能是食物中毒，他立即到停车场找司机，从总台到停车场约一分钟，当他找到李师傅的时候，发现他全身湿透了，趴在方向盘上，神志不清，“我叫了两声，他都没有反应。”谢某立即拨打了“110”，同时快步跑到总台，要求酒店派车将13名游客全部送往离景区最近的医院。这时，其他大部分乘客还没有明显的中毒反应。到达医院后，其他游客也开始出现中毒迹象，有些手指、嘴唇发黑，甚至有人开始抽搐。

10日晚上，四川省疾病预防控制中心对海螺沟游客集体中毒事件出具的检验结果报告令人触目惊心。检测显示，1千克面条含10.8克亚硝酸盐，1千克烫饭含11.3克亚硝酸盐，1千克泡菜含8.41克亚硝酸盐。权威专家透露，2～3克亚硝酸盐足以令一个成人致命，这顿早餐可谓剧毒宴。酒店或错将工业用盐当成了食盐。

想一想，你有因为吃坏了东西，而导致拉肚子或更严重的中毒现象吗？

____

____

____

____

二、知识探究

食物中毒是指摄入了含有有毒有害物质的食品或者把有毒有害物质当作食品摄入后出现的急性、亚急性疾病。这是一类经常发生的疾病，会对人体健康和生命造成严重损害。同学们正处于身体生长发育阶段，因此，预防食物中毒，保证健康成长至关重要。

(一)你知道怎样让疾病无从入口吗?

(1)养成良好的卫生习惯。不良的个人卫生习惯会把病菌从人体带到食物上去。例如，饭前便后要洗手，不然手上沾有的病菌污染了食物就会进入消化道，继而引发细菌性食物中毒，引起腹泻等病症。

(2)选择新鲜和安全的食品。购买食品时，要注意查看其感官性状，是否有腐败变质。尤其是对市面上卖的小食品，不要只看其花花绿绿的外表诱人，避免购买过期食品和“三无”食品，要查看其生产日期、保质期，是否有厂名、厂址、企业食品生产许可(QS)等标识。

(3)食品在食用前要彻底清洁。生吃瓜果要洗净，瓜果蔬菜在生长过程中不仅会沾染病菌、病毒、寄生虫卵，还有残留的农药、杀虫剂等，如果不清洁干净，不仅可能染上疾病，还可能造成农药中毒。

(4)尽量不吃剩饭菜。如需食用，应彻底加热。剩饭菜、甜点心、牛奶等都是细菌的良好培养基地，不彻底加热会引起细菌性食物中毒。

(5)不吃霉变的粮食、甘蔗、花生米，因为其中的霉菌毒素会引起中毒。

(6)误食有毒有害物质引起中毒。装有消毒剂、杀虫剂或鼠药的容器用后一定要妥善处理，防止用来喝水或误用而引起中毒。

(7)不到没有卫生许可证的小摊贩处购买食物。

(8)饮用符合卫生要求的饮用水。不喝生水或不洁净的水。

(9)提倡体育锻炼，增强机体免疫力，抵御细菌的侵袭。

(二)你知道食物中毒后的安全应对吗?

同学们在餐饮消费过程中如发现食品安全问题，要及时与当地食品药品监管部门或卫生部门联系，并保存好有问题的食品样品及消费票据等相关证据。

(1)封存。将吃过的食物、呕吐物、大便样本封存，提供给医院检疫。在学校就餐的学生发现食物中毒后要迅速报告学校。在外就餐的学生应索要发票作为凭据，报告卫生监督部门，避免更多的人受害。

(2)饮水。饮用大量加盐的温水以稀释毒素。

(3)催吐。用手指压迫咽喉，尽可能地强迫自己将胃里的食物吐出；侧卧，防止呕吐物堵塞气管，引起窒息。

(4)就诊。食物中毒严重者应马上向急救中心“120”呼救，去医院进行洗胃、导泻、灌肠等。

(5)及时救治更加有利于抢救，如果超过两个小时，毒物被大量吸收到血液里就比较危险了。

(三)你知道预防传染病的最佳措施有哪些吗？

(1)经常开窗通风，保持室内空气新鲜。

(2)做好教室环境卫生，保持室内和周围环境清洁。

(3)养成良好的卫生习惯，不要随地吐痰，勤洗手。

(4)保持良好的生活习惯，多喝水、不吸烟、不酗酒。

(5)经常锻炼身体，保持均衡饮食，注意劳逸结合，提高自身抗病能力。

(6)如果有发热、咳嗽等症状，应及时到医院检查治疗。当发生传染病时，应主动与健康人隔离，尽量不要去公共场所，防止传染他人。

(7)不要自行购买和服用某些药品，不要滥用抗生素。

(8)生活有规律。睡眠休息要好，保证充分的睡眠对提高自身的抵抗力相当重要。要合理安排好作息，做到生活有规律，劳逸结合。无论学习或其他活动使身体劳累过度，必然导致抵御疾病的能力下降，容易受到病毒感染。

(9)衣、食细节要注意。春季气候多变，若骤减衣服极易降低人体呼吸道免疫力，使病原体极易侵入。必须根据天气变化，适时增减衣服，切不可一下子减得太多。

(10)合理安排好饮食。饮食上不宜太过辛辣，也不宜太过油腻。

只要了解和掌握一些基本的预防知识，就可以远离疾病。身体是知识的载体，只有具体健康的体魄和良好的心理品质，才能更好地学习和工作，才能应付各种困难和挑战。

问题一：你知道自己得过的传染病的病因吗？

____

____

____

____

问题二：相信大家肯定都不想生病，那么，你该怎样预防疾病，照顾好自己呢？

____

____

____

____

三、头脑风暴

有没有什么问题想请教教师呢？

____

____

____

____

四、评价与考核

评价方式	自我评价	相互评价	小组评价	教师评价
评价内容				
备注：根据项目开展需要选择评价方式				

第六节　防止纠纷与斗殴

一、情境感悟

2013年10月8日晚，某校学生郑某与同班一名同学在教室学习时，因讲话影响他人，与两名学生发生纠纷，相互厮打。其后郑某同班学生孙某带领郑某等六七名同班学生又回到教室找那两名学生寻衅，被其他学生劝阻。那两名学生又将此事告知好友姜某。姜某为给好友出气，在次日上午11时许，叫上了社会上两名青年，将孙某、郑某骗至一僻静处，其中一人用匕首往孙某的腹部猛捅一刀，又对孙某的头、胸、腹部进行殴打。同时另一案犯对郑某进行殴打，致郑某颈部、面部多处受伤。三名案犯行凶后逃离现场，郑某将孙某送至医院进行抢救，孙某由于伤情过重导致死亡。姜某等人受到了法律的严惩。

引发打架斗殴的原因是多方面的，但直接原因不外乎以下几个方面。

(1)利益与经济问题。

(2)恋爱与交友问题。目前，在校学生恋爱现象逐渐增多，由恋爱问题导致的打架斗殴事件也占有相当的比例。处于青春期的学生，生理和心理发育决定了其具有活泼好动、喜爱交友的特点。然而，由于受社会上不良风气和封建意识的影响，极少数学生在交友中，以意气相投的酒肉朋友为对象拉帮结派。他们认为只有哥们义气才是最可信赖的。他们信奉所谓“在家靠父母，出外靠朋友”“有福同享，有难同当”的信条，以吃、喝、玩、乐的享乐主义为基础，以乡情为纽带，以抽烟、酗酒等不良嗜好为媒介，臭味相投，同流合污。他们常常倚仗人多势众，横行霸道，因而极易发生聚众打架斗殴。

(3)嫉妒与猜疑问题。嫉妒是一种心理现象，是因自己被社会尊重的需要得不到满足而产生的不良情绪的发泄，是一种试图缩小和消除与他人的差距，实现原有的关系平衡的消极手段。嫉妒的产生有各种原因，如声誉、地位、学识、财富、相貌、爱情、家境等。一些嫉妒心严重的人往往把别人的进步和成绩当作对自己的威胁，在心理上情不自禁地产生痛苦的“条件反射”。这种消极的心理不仅会对自己的身心健康产生一种强烈而持久的消耗作用，严重者还可能引起恶性斗殴事件，殃及嫉妒对象。

猜疑是一种主观主义的思想方法，是学生友谊与团结的蛀虫。有些同学猜忌多疑，总觉得别人跟自己过不去，背地里说自己的坏话；有的是说者无心，听者有意，将别人的话胡乱联系，无端嫉恨他人；有的因自己财物失窃后，对同学妄加猜疑，甚至对所谓的“嫌疑人”采取违法的方式进行处理，结果弄巧成拙，引发斗殴事件。

(4)性格与个性问题。每个学生成长的环境和条件各不相同，性格差异较大。有的好动，有的好静；有的活泼开朗，性格外向；有的沉默寡言，多愁善感。这种差异其实可通过互补达到协调和谐，但如处理不好就会互相看不惯，互相嫌弃，形成对抗心理，引起纠纷。

在日常生活中你与同学产生过哪些矛盾？又是怎样处理的呢？

我的做法是：________________

____

____

____

二、知识探究

同学之间打架斗殴是校园内发生最多的暴力现象。这类事件绝大部分是同学之间因学习和生活中的小事引起的，往往事前并没有任何迹象。例如，在食堂打饭时插队，受到后面学生指责时发生争吵、推打。又如，住在楼上的同学影响了楼下的同学，引起对骂、动手打人；甚至是走在路上时不经意的碰撞，也会引起打架，有明显的突发性。凡事和为贵，同学之间要预防和化解纠纷，防止斗殴现象的发生，增强自律意识，保护自身安全。

中学生之间发生纠纷主要表现形式有两种：一是争吵斗嘴，互相攻击、谩骂；二是打架斗殴，由争吵不断升级，发展为你推我搡，最后大打出手。两种形式联系紧密，往往以争吵开始，以打架甚至造成伤害而告终。还有其他一些形式，如写恐吓信，背后进行造谣、污蔑等。

(一)你知道如何防止纠纷的发生吗?

纠纷是生活中的常见现象，又往往会造成严重后果，所以应尽力防止纠纷的发生，避免一失足成千古恨。当预感到可能发生纠纷的时候，希望同学们尽力做到以下几点。

1. 冷静克制，切莫莽撞

无论争执由哪一方引起，都要保持冷静态度，不可情绪激动，这就要求我们大度，虚怀若谷。只有“大着肚皮容物”，才能“立定脚跟做人”。

2. 诚实、谦虚

在与同学以及其他人相处中，诚实、谦虚是加强团结、增进友谊的基础，也是消除纠纷的“灵丹妙药”。

3. 注意语言美

实践证明，纠纷多数由口角引起，而口角的发生都是恶语伤人的必然结果。俗话说，“病从口入，祸从口出”“话不投机半句多”，深刻揭示了语言与纠纷的辩证关系。语言美是社会主义精神文明的重要内容，当你不小心触犯了别人时，你讲一句“对不起”“很抱歉”“请原谅”，或者别人触犯了你，向你道歉时，你回敬一句“别客气”“没关系”，紧张的气氛就会烟消云散，从而化干戈为玉帛。

(二)你知道怎样防止斗殴吗?

1. 防突发性斗殴的“偏方”——说服术

突发性斗殴往往是由于对偶然的起因不能冷静对待而引起的。制止这种斗殴首先应采取说服的方法，针对不同的对象，认真讲清道理，指出“行少顷之怒，丧终身之躯”的严重后果，使其冲动的头脑迅速冷静下来，不自酿苦酒。

2. 防报复性斗殴的方法——攻心术和暗示效应

报复性斗殴往往产生于某种奇特的变态心理。在生活中，人们的思想动机必然要从言语、行为等方面显露出来。所以，我们要注意关心同学的思想变化，发现问题后要及时而又有针对性地进行规劝。

> **友情提示**
>
> 防止发生纠纷的总的原则是：恪守本分，互谅互让，求同存异，理解万岁。

3. 防群体性斗殴

中学生完全能够从纷繁复杂的生活现象中分辨是非，判断正误，但是为帮同学、老乡或朋友进行群体性斗殴的现象却也时有发生。广大青少年应该积极抵制武侠小说、打斗影视作品中宣扬的江湖义气的影响，树立正确的交友观念，不要因为所谓的哥们儿义气，置法律于不顾，从而引发群体性斗殴。

三、活动体验

语言美是化干戈为玉帛的法宝。语言美，不但能让你在学校生活中成为受同学欢迎、尊敬的人，而且能让你走上社会后成为受领导重视、同事好评的人。练就语言美这一“技巧”，能让你终身受益。发生纠纷时的语言美，一是要说话和气，心平气和地与人说话，以理服人，不强词夺理，不恶语伤人；二是说话要文雅，谈吐雅致，不说粗话、脏话；三是说话要谦虚，尊重对方，不说大话，不盛气凌人。

问题一：同学们平时发生矛盾纠纷的起因有哪些？

______

______

______

______

问题二：你觉得怎样避免这些纠纷的发生？

______

______

______

______

四、头脑风暴

亲爱的同学，我想对你说(可以跟和自己有过矛盾的同学一起沟通，说说自己的想法和心里话)：

______

______

______

______

五、评价与考核

评价方式	自我评价	相互评价	小组评价	教师评价
评价内容				
备注：根据项目开展需要选择评价方式				

第二章

家庭安全

导　读

学生们寒暑假及放学回家的大部分时间是在家度过的。在家中，大多数中学生诸事由家长关心、呵护，对于家庭安全防范意识比较淡薄，如在用电、煤气、饮食、家务劳动、独自在家等方面都不存在防范心理，导致家庭中引发危机，发生事故，甚至发生惨剧，这些关系学生安全的问题已引起社会的关注。

安全是家庭幸福的保障，家庭安全是学生们平安、健康成长的重要保证。因此，学生们应当掌握基本的家庭安全常识，杜绝家庭事故和伤害。

第一节　警惕电器、电源危险

一、情境感悟

一个15岁的小女孩独自在家看电视时，电视突然冒烟并起火，吓得女孩跑出室外请邻居来帮忙。邻居得知情况后赶紧帮其报警。接到报警后，民警和热心的邻居冒着电视随时爆炸的危险和呛人的烟雾冲进室内，断开电源，拿了一条湿被子盖在电视机上，很快将室内的明火扑灭，避免了更大的损失。

同学们在家经历过类似的事情吗？如果发生这样的事情你该怎么办？你了解多少家庭用电常识？

____

____

二、知识探究

电是现代社会不可缺少的动力能源，文明生活离不开电力。但另一方面，电的使用又有其两面性：使用得当，电能给我们带来很大的益处；使用不当，则会造成很大的危害。因此，掌握安全用电的基本知识，对于我们来说非常重要。

(一)你知道日常安全用电常识吗？

(1)不要用湿手或赤脚接触开关、插座和各种电器电源接口，更不要用湿布擦电器设备。

(2)移动电器设备时必须切断电源。

(3)每件电器单独用一个插座，不要若干电器共用一个多用插座，以免互相影响，发生危险。

(4)发现电器冒烟或闻到异味时，一定要迅速切断电源，进行仔细检查。

(5)电器使用完毕，要及时切断电源。雷雨天最好不要使用电器，并且拔掉各种电源插座。

(6)发现电线破损时，要及时更换或用绝缘胶布扎好。

(7)在使用家电产品时，应该先阅读使用说明书，尤其要读懂注意事项，弄清所有按钮的用处及具体操作程序后，再接通电源。

(8)白炽灯通电后，在相同散热条件下其表面温度不同，一般可燃物的燃点都在白炽灯的表面温度范围之内，所以使用白炽灯一定要与可燃物保持一定的距离。不要用纸自制灯罩，纸被烤煳、引燃就会引发火灾。

(9)对于电视机、空调等电器，使用时间不可持续过长，一般不要超过10个小时，特别是电视机，最好收看四五个小时后就停用，并采取散热措施。

(10)电吹风机、电饭锅、电熨斗、电暖器等电器在使用中会发出高热，应注意使它们远离纸张、棉布等易燃物品，防止发生火灾；同时，使用时要避免烫伤。

(11)电风扇的扇叶、洗衣机的脱水筒等在工作时是高速旋转的，不能用手或者其他物品去触摸，以防受伤。

(12)家中无人时，除了冰箱，最好关掉一切电器的电源，充电器也不要在无人时使用。

(13)不要随便延长电器设备的导线，尤其注意不要在家具和地毯下面拉设电线，防止搬移家具或人员踩踏发生短路引起火灾。

(14)严禁私自开起公共变压器、配电室和居民楼内开关电箱，以免发生事故。

(15)在户外如发现电线断线、落地线，不要靠近，并应就近及时报告电力部门处理。

友情提示

识别安全用电标志

(1)红色：用来标示禁止、停止和消防，如信号灯、信号旗以及机器上的紧急停机按钮等。

(2)黄色：用来标示注意危险，如“当心触电”“注意安全”等。

(3)绿色：用来标示安全，如“在此工作”“已接地”等。

(4)蓝色：用来标示强制执行，如“必须戴安全帽”等。

(5)黑色：用来标示图像、文字符号和警告标志，是一种几何图形。

安全用电注意事项

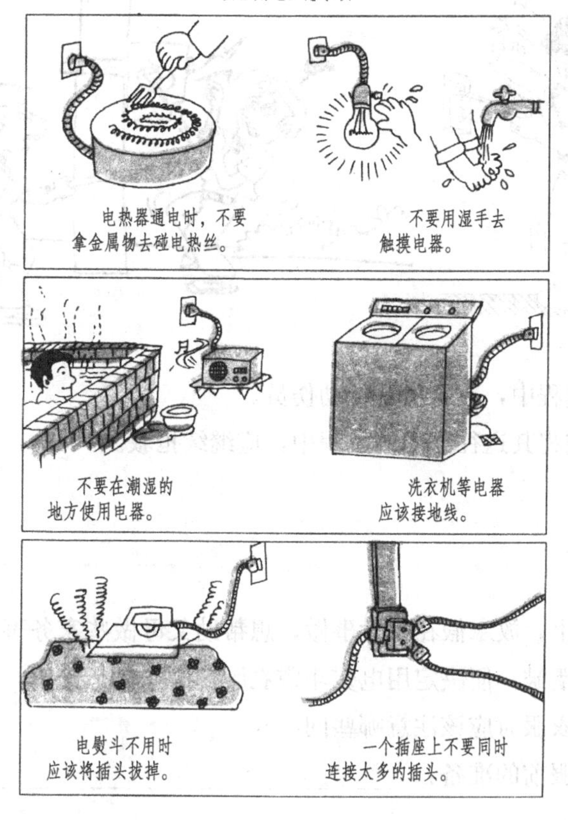

(二)电器着火后如何处理?

(1)立即关掉电器，拔下电源插头或拉下电源总闸。断电后，火即可自行熄灭。

(2)在没有切断电源的情况下，千万不能用水或泡沫灭火器扑灭电器火灾，否则，扑救人员随时都有触电的危险。

(3)对于导线绝缘体和电器外壳等可燃材料着火，可用湿棉被等覆盖物封闭窒息灭火。

(4)电视机着火不要用水扑灭，以防引起电视机的显像管炸裂伤人。

(5)家用电器发生火灾后未经修理不得接通电源使用，以免触电或再次发生火灾事故。

(三)触电后如何急救?

发现有人触电后，切不可盲目救助伤员，如果伤员得不到正确的救治，可能会导致更为严重的后果。因此，我们有必要了解一些紧急救护知识。

(1)发现有人触电后立即切断电源，或用不导电物质(如干燥的木棒、竹竿等)使伤员尽快脱离电源。

(2)检查伤员是否有呼吸和心跳。

(3)当发现伤员还有呼吸和心跳时，还要检查伤员有无其他损伤，如有外伤、灼伤，均须同时处理。

(4)在现场抢救过程中，不要随意移动伤员。

(5)在移动伤员或将其送往医院的过程中，应继续抢救。

三、活动体验

张明是某中学学生，放寒假在家没事做，想帮助父母做些家务事。他在收拾衣服时发现爸爸的白衬衫有些褶皱，便决定用电熨斗熨衣服。假如你是张明，在使用电熨斗之前需要做哪些准备？熨烫衣服时应该注意哪些问题？

使用电熨斗熨衣服前的准备：____

____

____

熨衣服时需注意的问题：____

____

____

四、头脑风暴

1. 同学们家里的电器可能存在哪些安全隐患？

____

____

____

2. 你觉得怎样消除家用电器的安全隐患？

____

____

____

3. 家里能否使用“热得快”这样的电器来烧水，为什么？

______

______

4. 讲述你所知道的因为家用电器引发的火灾案例。

______

______

五、评价与考核

评价方式	自我评价	相互评价	小组评价	教师评价
评价内容				
备注：根据项目开展需要选择评价方式				

第二节　注意饮食，以防中毒

一、情境感悟

某中学生王静在家帮母亲做饭，把扁豆择完已快到吃晚饭的时间了，因此，她把扁豆放在锅里匆匆炒了炒，放了点油盐就出锅了。饭后10时许，全家人呕吐不止，经过抢救，中毒的全家人得以脱险康复。又经一天的紧急化验，中毒事件才真相大白。原来是扁豆在加工制作过程中，由于时间短，产生的氢氰酸等剧毒物质未来得及分解，而使人中毒。

同学们听说过食物中毒的危害吗？你了解多少有关饮食中毒的知识？知道该怎样预防饮食中毒吗？

______

______

二、知识探究

吃了被细菌污染或含有毒素的食物而发生的疾病称为食物中毒。食物中毒按其原因可分为细菌性食物中毒、有毒动、植物食物中毒和化学性食物中毒三类。

1. 细菌性食物中毒

细菌性食物中毒多发生在夏秋季。因为食物没有烧熟煮透，或放置时间过长，或操作中不注意卫生，被细菌或其毒素污染而引起。

这些细菌大多为致病能力很强的病菌，包括嗜盐菌、致病性大肠杆菌、沙门氏菌、葡萄球菌和肉毒杆菌等。它们或是在大肠里大量繁殖引起急性感染，或是在食物中释放毒素，被肠道吸收后引起中毒反应。

2. 有毒动、植物食物中毒

多因误食本身含毒素的河豚、发芽的马铃薯、生扁豆、腐烂的甘薯、有毒的蘑菇等食物，或因烹调处理不当、加热处理不够而引起。

3. 化学性食物中毒

化学性食物中毒是指食人了被农药(含砷、有机磷、有机氯)或有色金属化合物和亚硝酸盐等污染的食品而引起的中毒。家庭中常见的杀虫剂一旦使用不慎，就容易造成化学性食物中毒。这些杀虫剂是有毒的，使用时尤其要注意喷口，勿对着人和食品。

(一)你知道如何防止食物中毒吗?

(1)注意个人卫生，饭前便后要洗手。在吃饭前应把手洗净，尤其是上过洗手间、抚摸过不干净的物品(如钱币、宠物)之后。当手上有伤口与食品接触时，最好用绷带包扎或戴上密封手套。

(2)生吃瓜果蔬菜，要洗净消毒。

(3)不喝生水，不吃腐败变质的食物。

(4)大力消灭苍蝇、蟑螂等有害昆虫。

(5)购买食品时，看清楚所购买的食品(特别是一些熟食制品)是否在保质期内，防护是否符合卫生要求，是否按特定的储存要求存放。

(6)自己加工食品时要煮熟，而且加热时要保证食品的所有部分的温度至少达到 70 ℃以上。

(7)在外用餐时，要选择干净的就餐环境，不要到一些没有卫生许可证的小摊点吃东西。

(8)不要食用来路不明的食物。

(二)你知道发生食物中毒后的急救措施吗?

1. 催吐

如果食物吃下去的时间在一两个小时之内，可采取催吐的方法。

(1)取食盐 20 克，加开水 200 毫升，冷却后一次喝下。如不吐，可多喝几次，以促进呕吐。

(2)用鲜生姜 100 克捣碎取汁，用 200 毫升温水冲服。

(3)如果吃下去的是变质的荤食品，可服用催吐药品来促进呕吐。

(4)可用筷子、手指等刺激咽喉，引发呕吐。

2. 导泻

如果吃下食物的时间超过两个小时，且精神尚好，则可服用一些泻药，促使中毒食物尽快排出体外。

3. 解毒

(1)如果吃了变质的鱼、虾、蟹等引起的食物中毒，可取食醋 100 毫升，加水 200 毫升，稀释后一次服下。

(2)若误食了变质的饮料或防腐剂，最好的急救方法是饮用鲜牛奶或其他含蛋白质的饮料。

小知识

营养丰富的豆浆为什么也会使人中毒呢？

生豆浆中含有人体难以消化吸收却可以导致中毒的皂苷的有害成分。这些有害成分在豆浆煮到 90 ℃以上才能被逐渐分解破坏，所以煮熟的豆浆可以放心喝。学校因为要同时供应几百人吃饭，煮豆浆用的锅一般很大，当煮到 80 ℃左右时，豆浆里的皂苷受热膨胀，形成泡沫上浮造成“假沸”现象。喝这种半生不熟的“假沸”豆浆，就容易引起恶心、呕吐、腹泻等中毒症状。

因此，为了预防豆浆中毒，不要喝闻起来豆腥味很大的豆浆，这种豆浆一般都没有煮熟。另外，自己煮豆浆的时候，煮沸后一定要再煮一段时间，不要被豆浆的“假沸”现象迷惑。

三、活动体验

学习了本节课，有很多同学会恍然大悟，吃东西、饮食还会引起中毒！看来还得多了解一些有关饮食安全的知识。那么，请同学们课后搜集一些预防食物中毒的资料，如哪些食物不能生吃，哪些食物不能在一起搭配吃……然后记录下来，与同学们互相交流。

预防食物中毒小知识：____________________

____

____

____

四、头脑风暴

1. 同学们在超市购买食物需要注意什么？

____

____

____

____

2. 如果发现你身边的人食物中毒了，该怎么办？

____

____

____

____

3. 列出食物中毒的几种现象。

4. 我的建议。

五、评价与考核

评价方式	自我评价	相互评价	小组评价	教师评价
评价内容				
备注：根据项目开展需要选择评价方式				

第三节 避免家务劳动伤害

一、情境感悟

刘梅是一个很懂事的孩子，每天放学总要帮爸爸妈妈做些家务。这天，爸爸做饭，刘梅就帮着打下手，一会儿拿碗拿筷，一会儿又端菜端饭。汤做好了，刘梅双手端着汤，从厨房往外走。没想到脚下一滑，一个趔趄，滚烫的汤洒在了手上，疼得她直跺脚，眼泪都出来了。爸爸急忙将刘梅拉到水池前，打开水龙头，让凉水慢慢地流到她的手上。等她觉得不疼了，爸爸又找来一件干净的软软的衣服盖在了她的手上，父女俩急忙去了医院。

回想在家帮父母做家务时，是否被烫伤或划伤过？当时是怎么处理的？

____

____

____

二、知识探究

日常生活中，帮助父母做家务活是好事，但是做家务活不当也会出现一些小意外，如被刀割破手指、油溅、烫伤等偶发事件。因此，做家务劳动也应该小心谨慎，防止意外伤害。

(一)你知道家务劳动如何防止烫伤吗？

不经意间被沸水、滚粥、热油、蒸汽等烧烫是生活中常见的现象。

(1)有时学习做饭炒菜，但炒菜时油加热后温度很高，要特别注意，当油温升高后，不可让水滴进去，油星飞溅，否则可能烫伤皮肤。

(2)使用高压锅前，一定要先检查气阀是否畅通，往锅里添水不要超过规定的界限，发现高压气阀不畅时，应立即关火，防止高压锅里滚烫的汤水喷溅烫伤。

(3)去厨房打开水或端热汤、滚粥时，应小心谨慎，防止被热蒸汽、沸水、滚粥烫伤。如果开水洒在裸露的皮肤上，皮肤会被烫红肿，甚至会出现一个个水泡。

(4)用壶烧水，水开后不要打开壶盖，而要先关火，否则壶中蒸汽冒出来很容易导致烫伤。

(二)发生烧烫伤怎么办?

做家务时的烧烫伤如表现为皮肤红肿、灼热、疼痛，没有水泡，不留疤痕者，称为一度烧伤；皮肤出现水泡，局部红肿，疼痛剧烈为二度烧伤，治疗及时一般不会留下大的疤痕。

(1)对只有轻微红肿的轻度烫伤，立即用凉水把伤处冲洗干净，然后将伤处用凉水浸泡半小时。一般来说，浸泡时间越早，水温越低(不能低于 5 ℃，以免冻伤)，效果越好，然后涂清凉油。

(2)烫伤部位已经起小水泡的烫伤，不要弄破小水泡且不可浸泡，以防感染，可以在水泡周围涂擦酒精，用干净的纱布包扎。

(3)烫伤比较严重的，应及时送医院进行诊治，防止烫伤部位感染化脓。

(4)烫伤面积较大的，应尽快脱去衣裤、鞋袜，但不能强行撕脱，必要时应将衣物剪开；烫伤后，要特别注意烫伤部位的清洁，不能随意涂擦外用药品或代用品，防止受感染，给医治增加困难。正确的方法是脱去患者的衣物后，用洁净的毛巾或床单进行包裹。

小知识

轻度烫伤治疗小妙方

(1)小面积的轻度烫伤，早期未形成水泡时，有红热刺痛者，用淡盐水轻轻涂于灼伤处，可以消炎。

(2)在受伤处擦上猪油、狗油或蜂蜜、清凉油等，能起到消肿、止痛作用。

(3)用鸡蛋清、熟蜂蜜或香油，混合调匀涂敷在受伤处，或用消毒的凡士林纱布敷盖，也能消炎止痛。

(4)家里若有金霉素眼药膏，可涂在伤处，数分钟后也可以消肿止痛。

(5)发生小面积烫伤时，立刻涂一点牙膏，不仅止痛，且能抑制起水泡。已起的水泡也会自行消退，不易感染。

(6)二度烫伤处理应注意预防感染，并服止痛片减轻疼痛。注意，不要把水泡弄破，让它自然破，以免感染病菌。

(三)割伤、扎伤手指怎么办?

日常生活中，经常需要使用菜刀、水果刀、剪刀、锥子等物品，这些物品锋利、尖锐，使用不慎，就可能造成伤害。例如，用刀削水果、切菜、削铅笔时，不小心就会割伤手指；装订杂志书本时，要用锥子扎孔，以便穿针引线，由于握书本的手正对着锥尖，且攥锥子的手用力比较大，如果不小心，手就会被扎伤。

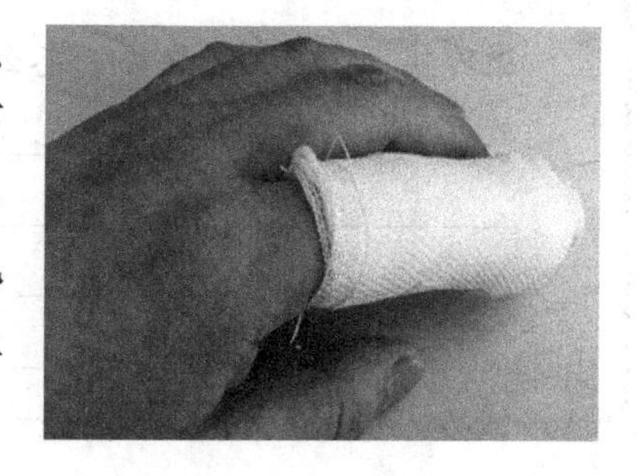

手指割伤应该先止血，如果是小而浅的伤口需要止血，只要把手指举高，捏住指根两侧，出血即可止住，然后用生理盐水清洗伤口，贴上创可贴即可。

小伤口不主张在伤口上涂抹红药水或止血粉之类的药物，如没有创可贴则可用无菌纱布或干净布覆盖伤口，压迫止血大约十分钟就可以使伤口闭合，再盖一块纱布加以固定。过几天观察伤口是否化脓，如没有化脓，则用酒精对伤口四周皮肤进行消毒，包扎好即可。

若伤口大且出血不止，应先止血，即如上所述捏住手指根部两侧并且高举过心脏，用消毒纱布压迫或包扎伤口，然后马上去医院治疗，去医院前切忌乱上药。

包扎好的小伤口不要再沾水。每隔一天，应该打开包扎看一看，如果伤处又红又肿，要请医生处理。如果没有问题，七八天后就可以去掉包扎了。

假如不小心被脏刀子或生锈的锐器割破了皮肤，应该马上去医院注射破伤风抗毒血清或破伤风抗毒素。轻微割伤，除非伤口发炎或伤人利器污秽生锈，一般不用看医生。

三、活动体验

一天放学后，康玲回到家发现爸妈不在，便决定自己做顿饭。厨房里就剩下西红柿和鸡蛋了，那就做个西红柿炒鸡蛋吧！她一边想着妈妈平时做饭的过程，一边打开煤气，也没等锅里的水珠干掉就往锅里倒了一些油，然后把鸡蛋打到碗里开始用筷子搅。这时，油锅开始“噼噼啪啪”地响起来，不时溅起一两滴油珠到康玲的手背上。康玲见状一面手忙脚乱地继续搅鸡蛋，一面以飞快的速度拉开冰箱取西红柿。这时，油锅突然燃烧起来，康玲吓得目瞪口呆。情急之下她一下子把手里的鸡蛋倒进了油锅里，“哗”的一声响之后，油锅里的火焰顿时熄灭了，但油却全溅出来了。一阵剧痛，仿佛无数只针刺进了她的脸颊、手臂、脖子。她“啪”地关上了煤气灶，赶紧跑到镜子前查看被滚油烫伤的地方。

康玲接下来应该怎么办？怎么处置烫伤的地方？请你帮帮她。

处置烫伤的方法：____

____

____

____

四、头脑风暴

1. 家务劳动可能对青少年产生哪些伤害？

2. 你如何安全地更换家里坏了的灯泡？

3. 如何处理切菜时发生的刀伤？

4. 如果你的衣服或身体上由于飞溅的油花而被火点燃，你应该怎么办？

五、评价与考核

评价方式	自我评价	相互评价	小组评价	教师评价
评价内容				
备注：根据项目开展需要选择评价方式				

第四节　预防煤气中毒

一、情境感悟

陈成是一位年仅 16 岁的学生。一天中午，他在家中的浴室洗澡，过了 1 个多小时后，有人打电话找他，于是他母亲来到浴室外喊他，而他没有任何动静。家人打开浴室门后发现他已倒在浴室的地板上不省人事。医生赶到现场后，发现他瞳孔放大，呼吸和心跳已经停止，最终因抢救无效死亡。经医生确诊，陈成的死因是洗澡时没有打开浴室的排气扇而煤气中毒身亡。

你了解有关煤气中毒的知识吗？知道怎样预防煤气中毒吗？煤气中毒后应该如何急救？

____

____

____

____

二、知识探究

煤气中毒多因在密闭的房间内使用煤炉、炭炉取暖，或因煤气使用不当而发生。煤气是无色、无味的气体，主要成分是一氧化碳。在通风不良、氧气不足时，燃料燃烧不完全，就会产生大量的一氧化碳。作为家庭燃气的煤气中也含有大量的一氧化碳。一氧化碳经人体吸入后，与血液中的血红蛋白结合，会形成碳氧血红蛋白，使血红蛋白失去携氧能力，从而造成低氧血症，使重要器官组织缺氧，引起一系列临床症状，甚至死亡。

(一)你知道煤气中毒有哪些特征吗?

1. 轻度中毒

轻度中毒有头晕、头痛、乏力、恶心、呕吐及胸闷、心悸等症状，马上离开中毒环境吸入新鲜空气，即可恢复正常。

2. 中度中毒

中度中毒除上述轻度中毒部分症状加重外，还有面色潮红、口唇呈樱桃红色、多汗、烦躁、心率增快、呼吸困难、步态不稳、震颤、神志不清等。若及时抢救可脱离危险，无明显后遗症。

3. 重度中毒

病人迅速昏迷，大、小便失禁，肌张力增高，病理反射阳性，危重者面色苍白，四肢厥冷，瞳孔散大，血压下降，阵发性或持续性全身僵直、抽搐，并发肺水肿、脑水肿，最后因呼吸及循环衰竭而死亡，或留下智力迟钝、肢体瘫痪等后遗症。中毒者血液中碳氧血红蛋白测定呈阳性。

(二)你知道如何预防煤气中毒吗?

(1)不使用煤气时及时关闭阀门，晚上睡觉前最好再检查一下厨房的煤气是否关好。

(2)用家用煤气热水器洗澡时一定要保持浴室内的通风，打开抽风机、排风扇等排气设施；把热水器安装在浴室外，最好使用烟管式或平衡式热水器。

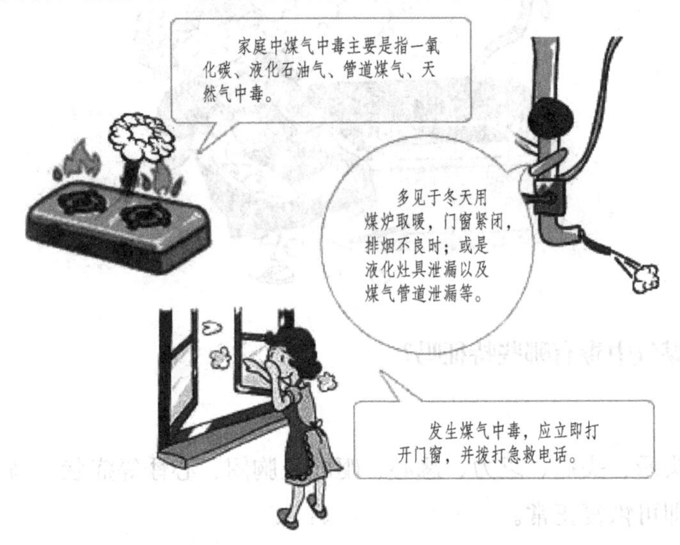

(三)你知道煤气中毒如何抢救吗?

(1)立即打开现场门窗，搬走煤炉、炭盆，关闭煤气阀门。

(2)迅速将中毒者转移到空气流通处，如房间外面、走廊、院子里等，让病人吸入新鲜空气或吸入高浓度氧气，把上衣解开，不可多人挤在一起。

(3)保持呼吸道通畅，可以将患者上背部至颈根部垫高约 30°，使头稍向后仰。如有昏迷、抽搐、牙关紧闭者，可用开口器打开口腔，置于上下牙之间口角处。

(4)心跳、呼吸停止时，应立即施行心肺复苏术。

(5)注意保暖，在寒冷环境下，可给予热水袋等。

(6)及时送患者到有条件的医院，给予高压氧疗，药物治疗，输血、换血治疗，使用心电监护器、呼吸机及其他治疗仪器。

小知识

1. 保持呼吸道通畅

首先查看病人口中是否有食物、呕吐物、假牙等异物，若有异物，施救者要一手固定患者舌头前端使其勿向后缩，另一只手的食指或中指深入其口中，将这些异物清除干净。然后让病人侧卧或平卧，将头部侧向一边。

2. 进行人工呼吸

常用的有口对口、口对鼻两种人工呼吸法，其中口对口人工呼吸是向病人供应所需氧气的简单而快速有效的方法。

口对口人工呼吸法：施救者首先应抬高患者颈部以保证病人的呼吸道通畅，同时用压在患者前额的那只手的拇指、食指捏紧病人的鼻孔，以防止吹气时气体从鼻孔逸出，施救者深吸一口气后，用自己的双唇包绕封住病人的口外部，形成一个封闭腔，然后用力吹气，使患者胸廓扩张。吹气完毕后，施救者的头稍抬起来后侧转换气并松开捏鼻孔的手，让病人的胸廓和肺依靠其弹力自行回缩，排出肺内二氧化碳。然后按以上步骤反复进行。

吹气频率为成人 14～16 次/分，儿童 18～20 次/分，婴幼儿 30～40 次/分。

3. 人工循环——胸外心脏按压

对病人进行胸外心脏按压时，必须让病人平躺在硬的物体上，在软床上进行胸外心脏按压是徒劳的。急救时，应使病人的头略低于胸部，双下肢平放或稍抬高，解开上衣，施救者跪在病人右侧。

(1)选择胸外心脏按压部位：先以右手的中指、食指定出肋骨下缘，然后将右手掌侧放在胸骨下1/3处，再将左手放在胸骨上方，左手拇指邻近右手指，使左手掌底部在剑突上。右手置于左手上，手指间互相交错或伸展。按压力量经手掌掌根部面向下，手指应抬离胸部。

(2)胸外心脏按压方法：施救者两臂位于病人胸骨的正上方，双肘关节伸直，利用上身重量垂直下压，对中等体重的成人下压深度为3～4厘米，而后迅速放松，解除压力，让胸廓自行复位。如此有节奏地反复进行按压与放松，时间大致相等，频率为80～100次/分。

4. 注意

在抢救的同时，应迅速派人请医生来处理。

三、活动体验

中学生小微放假在家做午饭时，隐约闻到有一股煤气的味道，此时小微有些惊慌失措，不知该怎么办好。那么，请你告诉小微她现在应该怎样做?

闻到煤气味道后，应立刻这样做：________________

____

____

____

四、头脑风暴

1. 如何采取措施预防煤气泄漏?

____

____

____

2. 当你发现家中煤气泄漏时，你该如何处置?

____

____

____

3. 你有什么更好的办法来预防煤气中毒?

____

____

____

五、评价与考核

评价方式	自我评价	相互评价	小组评价	教师评价
评价内容				
备注：根据项目开展需要选择评价方式				

第三章

社会安全

导　读

社会安全包括信息安全、社会治安、食品安全、公共卫生安全、公众出行安全、避难者行为安全、人员疏散的场地安全、建筑安全、城市生命线安全等。这些人为灾害的杀伤力会给生存者带来难以磨灭的痛苦记忆和心理压迫。公共安全从来没有像今天这样遭受到残酷的考验和严峻的挑战，人们对公共安全的现在和未来充满沉沉的顾虑和重重的忧患。作为中学生应充分认识社会安全的重要性，特别是我们青少年，更应注重网络安全、出行安全、预防毒品侵害等。

第一节　网络安全

一、情境感悟

某校二年级学生李亮，刚进校时对专业课特别是实操部分非常感兴趣，成绩中等。因家较远住在学校，周末时间较多，感觉甚是无聊，渐渐地感觉学习单调、生活乏味又没有什么目标，就好像失去了方向。看到别的同学上网，就跟着一起去网吧玩游戏。开始只是觉得新鲜刺激，后来发展成为迷恋沉溺，整天泡在网吧里，沉浸在游戏角色中乐不思“书”。结果二年级第一学期大半课程的考试成绩都没及格，越到后边根本没心思学习，也越没信心，最后不得不放弃学业。

你的身边有同学沉迷于网络吗？说一说对他们迷恋网游的看法？

我对迷恋网游的看法：____

____

____

____

二、知识探究

网络是一个信息的宝库，同时也是一个信息的垃圾场。网上各种信息良莠并存，真假难辨，由于缺乏有效的监管，网上色情、反动等负面的信息屡见不鲜。这些不良信息对于是非辨别能力、自我控制能力和选择能力都比较弱的学生来说，其负面影响难以抵挡。个别网吧经营者更是抓住青少年学生这一特点，包庇、纵容、支持他们登录色情、暴力网站，使他们沉迷于网上不能自拔。一些学生也因此入不敷出，直至走上犯罪道路。

(一)你知道青少年沉迷网络的原因吗?

1. 猎奇心理的驱使

青少年正处于成长阶段，自控能力较差，辨别是非的能力不强，尤其是中学生，由单一的父母和亲人逐渐向社会复杂群体转移，触及的场所也由家庭、学校转移到社会。面对五彩缤纷的社会，青少年充满了猎奇心，渴望通过自己的视角尝试新鲜事物，了解社会，参与社会。虚拟、不设防的网络，恰好为他们提供了这一空间，使他们把虚拟的网络和现实生活中的是与非混为一谈，甚至导致他们在现实中去追求与模仿。

2. 抵挡不住的游戏魔力

未成年人正处在发育阶段，他们的知识、心理、人生观、价值观以及意志力都处在脆弱的培养时期，而网络游戏近于完美的画面和音响效果、吸引人的游戏情节，能够让人在玩网络游戏的过程中，领略到现实生活中无法感受到的惊险、紧张与刺激。加之网络游戏的互动性、仿真性和竞技性，使玩网络游戏的人在虚拟的环境里，与不同的人，在同一时刻，进行着同一个游戏，大家或合作，或对抗，或较量，使其从中领略到现实生活中感觉不到的力量和智慧，得到现实社会无法实现的自我肯定及网友的认可，从而获得心理上的满足。

因此，对于意志力脆弱的未成年人来说，只要触及网络游戏，往往就会被它的魔力所吸引，以至征服，甚至造成“网络成瘾”症，整日沉溺其中，荒废学业，不能自拔。

3. 家庭教育欠缺，学校教育不当

由于过分强调成绩，学生与家长或教师缺乏知识和思想的交流与沟通，造成压抑、焦虑、孤僻、自卑和逆反等思想性格，从而到网吧寻求所谓的平等和自由的沟通、交流方式，从网络游戏中寻找刺激。

4. 社会监管的漏洞，黑网吧的诱导

虽然我国对未成年人进入网吧等互联网服务营业场所做了严格的限制，但大多数网吧还缺乏有效的管理措施，一些网站开设所谓性知识、性教育、写真、聊天室等频道，打“擦边球”，更有一些黑网吧夜间12点后，开设黄色网站，使具有强烈猎奇心理的未成年人无法抵御网络游戏的魔力和诱惑，以及黄色网站对他们灵魂的侵蚀，最终成为网络时代的牺牲品。

(二)你知道沉迷于网络的危害吗?

青少年如果沉迷于网络，就会变得孤僻、容易冲动和狂躁，对学习逐渐失去兴趣，使他们的身心健康受到严重损害。

(1)沉迷于网络，长时间上网容易导致疲劳，影响青少年的身心健康。

小知识

(1)长期使用电脑容易引起视力下降，眼睛干涩、眼红。

(2)电脑产生的静电能引发皮肤病，出现过敏湿疹等现象。

(3)长期与电脑键盘打交道，手腕关节长期、密集、反复和过度活动，容易得腕关节综合征。

(4)久坐在电脑前，如果坐姿不正确，还容易出现颈、肩、腰、背痛，电脑低头综合征，电脑眩晕症等。

(2)容易脱离现实，深陷游戏的虚拟世界之中，迷失自我，难以自拔，造成精神空虚，荒废学业，甚至诱发各种违法犯罪行为。

引以为戒 一天，王宣在同学的带领下，怀着好奇心第一次涉足网吧，开始学习简单的网络游戏，晚上九点半才离开。从此，他经常晚上十一二点才回家，甚至有时夜不归宿。家长的阻止和教师的教诲在网络游戏的魔力面前显得不堪一击。出生入死的“半条命”、炫酷的“超级跑车”，使其成为同学们中的“游戏老大”，最终他为寻找网吧消费的经济来源，竟胆大妄为地在一天晚上抢劫蒋某(15 岁)的三星手机一部，后又威胁蒋某打电话叫来其同学张某，劫取现金 200 元和高档自行车 1 辆，价值人民币 1 200 元，被法院以盗窃罪、抢劫罪判处有期徒刑 4 年。

(3)容易出现家庭矛盾，影响父母与子女的关系。

引以为戒 于某 9 岁那年，父母因感情不和而离婚，父母的离异给她幼小的心灵留下了无法弥补的创伤，和睦美满的家庭破碎后，父亲变得寡言少语，每天除了工作外，很少与女儿沟通、交流。13 岁那年，她独自一个人走进了网吧，用聊天工具与网友聊天，非常开心。她感觉找到了朋友，有了倾诉对象，从此沉迷网络，成绩一落千丈。父亲知道后对她进行生硬地说教和指责，对此早已烦透的她，每一次都是默默地听着，可心里认为：自己永远也无法与父亲沟通。心里的巨大压力，使她和父亲决裂，走上了犯罪道路。

(三)你知道如何摆脱对网络的依赖性吗?

加强自我约束，提高自身素质，树立健康积极的人生态度。

(1)应依法自律，不进营业性网吧。

(2)听从教师和家长的教导和监督，不浏览不良信息，文明上网。

(3)自觉遵守法律和道德，充分认识到网瘾(网游)的危害性和学习的重要性。提高个人素质，参加各种有益的活动，转移注意力，培养健康人格。

(4)合理利用网络资源，控制上网时间，选择健康游戏内容，不沉迷于网络。不模仿网络游戏中不健康的内容，自觉抵制不良文化侵袭，并同各种违法和损害精神文明的行为做斗争。

三、活动体验

小彭与小韩是某校二年级学生，一天下午放学，小彭对小韩说："网络游戏'魔兽世界'特好玩，咱俩去网吧玩玩，你不会我教你！"可小彭对这游戏并不了解。

如果你是小韩，你应该怎么办？应该怎样避免沉迷于网络？

评价一下小彭的做法：____________________

避免沉迷网络的做法：____________________

四、头脑风暴

1. 说说青少年沉迷网络与违法犯罪之间的联系。

2. 你觉得如何充分利用业余时间来抵御网络的诱惑？

3. 社会、学校、家庭该如何引导青少年健康上网？

五、评价与考核

评价方式	自我评价	相互评价	小组评价	教师评价
评价内容				
备注：根据项目开展需要选择评价方式				

第二节　求　　职

一、情境感悟

一年级学生李凯在暑假期间与同学一起做兼职。一天他们在车站牌旁边看到一则招聘启事，上面写着招聘销售导购，月薪上千。李凯便与同学急忙去该公司应聘。到该公司后发现其是中介公司，并提出需办理一张100元的兼职卡才能安排工作。李凯几位同学没有多想就办理了兼职卡。他们被安排应聘，在通过了面试后，公司的工作人员就把两人安排到一家手机卖场卖手机，当时讲好每人每天工资50元。干了一个星期，两人各自都为商场卖出五部手机，便兴奋地到公司领取工资。谁知公司竟然说两人销售数量未达到标准，影响了公司的销售额，拒付工资。

同学们有过招工受骗的经历吗？你当时是怎么做的？

____

____

____

____

二、知识探究

随着就业难度的加大，针对中学生利用寒暑假求职的心理，各类非法招聘层出不穷，挖空心思骗取学生的钱财，让求职学生历尽奔波却屡屡受骗。

(一)你知道如何警惕各种求职诈骗吗?

常见的求职诈骗有以下几种方式。

(1)冒充用人单位或中介单位收取求职学生就业押金、中介费。

(2)骗取学生求职简历，据此向用人企业收取招聘费、信息费。

(3)打着招聘的名义将求职学生带入传销陷阱。

(4)举办非法招聘会，一面收取求职者门票，一面收取用人单位展位费。

（二）你知道如何警惕兼职打工被骗吗？

每年寒暑假，许多同学会加入打工的行列，在这里，特别提醒广大同学：打工切忌赚钱心切，上当受骗。观察目前的市场情况，上当受骗者不外乎以下几种情况：

(1)白忙一场。一些学生被个人或流动服务的公司雇佣，讲好的是以月为单位领取工钱，但雇主往往找借口拖延一下，拖到学生开学时，就消失得无影无踪了。

(2)先付押金型。这类骗局通常在招工广告上称有文秘、打印、公关等轻松、体面的工作，求职者只需交纳一定的保证金即可上班。但往往是学生付钱以后，招聘单位又推托说职位暂时已满，要学生听候消息，接下来便石沉大海。

(3)临时苦工型。一些小公司特别是个体建筑承包者看准暑假学生挣钱心切，故意将一些苦、脏、累、险的工作交给他们，而又不与他们签订合同，一旦发生工伤等情况，打工的学生往往是索赔无门、欲哭无泪。

(4)直销、传销型。学生本来以销售人员名义来应聘，但到公司应聘后却被连哄带骗地先买下一些货品，然后公司再让应聘者如法炮制去哄骗他人，并用高回扣作诱饵，一旦上当，往往是学生白搭上一笔钱。

友情提示

毕业生在求职时一定要维护自己的合法权益，不要盲目应聘。求职注意事项如下。

(1)到正规的人才市场或劳动力市场求职。

(2)掌握劳动法规和相关政策。

(3)通过多种途径了解招聘公司，注意招聘单位的营业执照等证件。

(4)拒交各种名义的费用，如就职押金、工作服押金等。

(5)不轻信许诺到外地上岗。

(6)不要将重要证件作抵押，如身份证、学历证等。

(7)谨慎签订劳动合同。

(8)发觉被骗，及时报案。

(5)模特、特种行业型。这类招工通常称招模特或歌星、影星培训班，然后要学生花大价钱拍艺术照参加遴选，最后找借口说应聘者条件欠缺而予以拒绝。也有的是以娱乐场所特种行业的高薪来吸引求职者，有的甚至逼她们做色情交易。同学们到这些场所打工，往往容易误入歧途。面对目前社会上形形色色的各种招聘的骗局，毕业生和求职人员一定要保持谨慎，以免受骗上当。

（三）你知道如何破解招聘骗局吗？

为了避免落入招聘骗局，大家应该注意以下几点。

(1)进入正规的人才市场、劳动市场和信誉度高的专业人才网站应聘。针对大中专毕业生，各教育部门的官方网站也大多开办了招聘专栏，由于他们会对招聘单位进行比较严格的审核，因此发布的信息较为真实。一些大型的专业人才网站都设立了严格的审查制度，也很少出现欺诈的情况，而一些不知名的小中介店铺、小网站则容易出现违法招聘。

(2)凡是附加了报名费、考试费等条件的招聘，一定要高度警惕。按规定，报名费、考试费等费用是不能收取的，填写个人资料时，最好不要留下自己的详细住址和手机号码，一般留下电子信箱联系即可。

(3)对招聘单位的实际情况要了解清楚。投简历前，可以通过自己应聘单位所在城市的熟人去打听这家单位的状况，或者通过工商部门、学校就业指导中心核实该单位的真实性。

复试时，要通过各种渠道对单位进行实地考察，以摸清应聘单位的发展前景。签订就业协议或者劳动合同时，一定要注明双方谈妥的福利、保险、食宿条件等，这样双方产生纠纷时就不会空口无凭了。

三、活动体验

某校小曹同学刚刚毕业，通过上网投简历，接到一家公司的面试电话。小曹特别高兴，整妆打扮后，信心百倍地去面试。面试时，小曹的表现很不错，经理也表示小曹合格。可是在面试结束前，经理告诉小曹如果来公司上班，必须先交200元押金、200元的培训费、200元的工装费，小郭顿时有些犹豫。

请你帮帮小郭，他是否应该支付这些押金？他应该怎么办？

____

____

____

____

四、头脑风暴

1. 学生在求职时需具备哪些条件？

____

____

____

2. 你觉得怎样避免在求职中遇到的各种陷阱？

3. 如何甄别网上招聘陷阱？

4. 现实生活中有哪些求职陷阱？

五、评价与考核

评价方式	自我评价	相互评价	小组评价	教师评价
评价内容				
备注：根据项目开展需要选择评价方式				

第三节　毒品、赌博、烟酒

一、情境感悟

张某出生在南方一个贫困、落后的山村。父母把所有的期望都寄托在他身上，希望能从他这一代起走出大山，成就一番事业。2007 年，他考上了省里的一所职业学校。刚上学的时候，他勤奋刻苦，把心思和时间都集中在学习上，并且在一家桌球场打工。一天晚上，几个顾客发生了摩擦大打出手，他在劝架过程中被横扫而来的球棒击中了头部，老板见他头痛不止，便从账台的抽屉里拿出一包固体白色粉块和一张锡纸，诡秘地对他说："这是特效止痛药，比黄金还贵，很难买得到，包你吃了什么痛都没有了。"张某知道是白粉，意识到它的一些危害性。于是，他立即摇头，可老板又不断地开导他说："放心吧，试一次怕什么，没事的。"张某心想："不妨试试能不能止痛，反正一次也没事，万一发现不对劲不吸便是。"就这样，在这"试一次"中，张某经历了头晕、苦喉、呕吐一系列反应后，慢慢地被毒品吞噬了灵魂，成为毒品的又一名俘虏。

某市一位学生，经常用父母给的零花钱光顾游戏厅，结果玩赌博机上了瘾，经常旷课逃学，从偷父母的钱到拦路抢劫同学的钱去玩赌博机。最后辍学在外，走上了违法犯罪的道路。

部分大人对烟、酒的嗜好，往往容易让日渐成长的孩子误以为吸烟、喝酒是长大成人的象征。有一位二年级同学小勇在朋友、同伴的劝说下，与烟酒有了第一次接触，以后就迷恋上了烟酒。虽然他尝试了"当大人的味道"，但不幸的是在一次体检中，小勇被诊断患了早期肺癌。烟酒给小勇带来了可怕的灾难。

同学们是否听说过类似上述的事情？在你的身边有吸毒、赌博、吸烟、喝酒的同学吗？对这些毒害，你应该采取什么态度？

____

____

____

二、知识探究

毒品是"全球性"的一大公害，赌博、烟酒的毒害也严重影响着人们的学习、工作和生活。这些毒害不仅威胁着人类健康，更危害着社会稳定。时下，毒害的泛滥已趋向低龄化，不少在校学生因吸毒、赌博、吸烟、喝酒而荒废学业，甚至走上了违法犯罪的道路。因此，青少年学生一定要掌握安全防范毒害知识，不可沾染毒害，要充分认识其危害性。

(一)你知道为何要远离毒品吗?

按照我国《刑法》规定，毒品"是指鸦片、海洛因、甲基苯丙胺(冰毒)、吗啡、大麻、可卡因以及国家规定管制的其他能够使人形成瘾癖的麻醉药品和精神药品"。

在我国，过去吸毒者传统使用的毒品主要是鸦片(大烟)，吸食大烟的方式是从口鼻吸入，“吸毒”与“吸大烟”是一回事。现在吸毒的内涵扩大了，一是毒品的范围扩大，即凡是以非医疗目的而滥用麻醉药品与精神药品，都是吸毒；二是吸毒的方式多了，由过去单一的口鼻吸入发展为口服、肌肉注射和静脉注射等。

1. 毒品带来的危害

(1)吸食毒品会严重危害人体健康。吸食毒品形成瘾癖后会产生强烈的病态反应，如烦躁不安、失眠、疲乏、精神不振、腹痛、腹泻、呕吐、性欲减退或丧失。人体内的毒品达到一定剂量后会刺激脊髓，造成惊厥，乃至神经系统抑制，引起呼吸衰竭而死亡。静脉注射毒品又是传染肝炎、肺炎、性病及艾滋病等多种传染病的重要途径。

(2)摧残意志和精神，荒废学业。吸食毒品使人逐渐懒惰无力，意志衰退，智力和主动性降低，记忆力减退，致使学业荒废。

(3)吸毒是诱发犯罪的重要原因。

①毒品不仅危害人的身体，摧残意志，而且还能使人丧失理智和人格。

②吸毒耗资巨大，诱发吸毒者为解决毒资铤而走险，走上犯罪道路。

③有些吸毒者以贩养吸，从害己转为既害己又害人。

2. 吸毒对人体健康的损害

毒品对人体健康的损害是多方面的。

(1)吸毒损害人的大脑，影响中枢神经系统的功能。

(2)吸毒影响心脏功能、血液循环及呼吸系统功能。

(3)吸毒者或其配偶生下的畸形儿、怪胎屡见不鲜。

(4)吸毒导致人的免疫力下降，容易感染各类疾病。

3. 预防毒品的侵袭，远离毒害

吸毒大都从精神的空虚开始。为寻求精神上的刺激，沾染毒品，继而生理上对毒品产生极大的依赖性，精神和身体上都产生对毒品的渴望，追求吸毒后的快感。理想、事业、前途也随着吸毒的次数增多而灰飞烟灭。吸毒又是非常巨大的开支，作为经济上并不独立的学生，根本无法承担如此巨额的开销，为寻找毒资，不惜出卖自己的身体，或偷或抢，想尽一切办法筹集毒资。当吸毒成了生活的中心，他就丧失了本性，成了危害社会的毒魔。

因此，国家对从事毒品违法犯罪活动的处罚是非常严厉的，《刑法》第三百四十七条规定：走私、贩卖、运输、制造毒品，无论数量多少，都依法追究刑事责任。

另外，相关法律规定对吸食、注射毒品的，无论数量大小，都依法追究法律责任。对吸食、注射毒品的违法人员处以拘留和罚款；吸毒成瘾者予以强制戒毒。屡教不改的，对其进行劳动教养，在劳动教养中强制戒毒。

青少年要预防毒品的侵袭，远离毒害，应坚决做到以下几点。

(1)充分认识毒品违法犯罪活动的危害性，加强自身的学习和法律意识，培养高尚的情操和伦理道德观念，认识毒品危害，远离毒品和毒源。

(2)积极参加有益健康的文体活动，增强集体观念，培养广泛的兴趣和爱好，避免孤僻的生活方式。

(3)提高对毒品的抵御能力，不结交有吸毒恶习的人，不听信他们的谗言。

(4)绝不可因好奇而尝试毒品，防止上瘾而难于自拔。毒瘾相当难戒，有98%的复吸率，一旦沾染，很难戒除。

(5)一旦意外沾染毒品，要主动向教师和学校报告，自觉接受学校、家庭及社会有关部门的监督，坚决戒除。

现在社会上吸食毒品的人日渐增多。这种暂时能使人“飘飘欲仙”的东西，实际上是严重损伤人体、毁灭生命的“白色恶魔”，是扼杀人类的杀手。毒品有极高的成瘾性和依赖性，一旦有了第一次尝试，接着就会有第二次、第三次，最终走上自毁之路。因此，毒品一次也不能尝试。

(二)你知道为何要远离赌博吗?

我国《刑法》第三百零三条明文规定了“赌博罪”，禁止任何以营利为目的的赌博行为，但是，在青少年中，这种不良行为还是具有很高的发生率。

1. 青少年赌博的危害性

大量事例证明，参与赌博的青少年都会有不同程度的学习成绩下降，而且陷入赌博活动的程度越深，学习成绩下降得就越严重。

另外，由于赌博活动的结果与金钱、财物的得失密切相关，因此迫使参与者要全力以赴，精神高度紧张，精力消耗大。经常参与赌博活动会诱发严重的失眠、精神衰弱、记忆力下降等症状。同时，还会严重损害心理健康，造成心理素质下降，道德品质下降，社会责任感、耻辱感、自尊心都会受到严重削弱，甚至会为了赌博而违法犯罪。

再有，赌博会使青少年把人们之间的关系看成赤裸裸的金钱关系，逐渐成为自私自利、注重金钱、见利忘义的人，更严重的还会导致违法犯罪。

2. 青少年避免沾染赌博的注意事项

(1)青少年首先自己不能参与打麻将，还应劝阻家长不能沾染赌博这一恶习。

(2)避免染上赌博的毛病，还应克服两种错误思想：一是“玩小不玩大”，即认为“赌输赢的钱不多，没关系”，其实不然，赌徒是由小赌到大的；二是“不好意思拒绝”，聚众赌博是违反《治安管理处罚条例》的，在关系到违法不违法的是非面前，不能糊里糊涂地犯错误。

(三)你知道为何要远离烟酒吗?

1. 吸烟、喝酒的心理因素

(1)对“偶像”的模仿心理。学生心里都有他们崇拜的偶像，如某教师、家长、名人、影视明星等。他们对偶像的言行、举止常常表示羡慕而刻意模仿，当然也包括偶像吸烟、喝酒时的“优美”姿态和“潇洒”风度。他们认为自己若吸烟喝酒不仅与偶像距离近了，而且也标志着自身的“成熟”，于是在不知不觉中被他们不加选择地学去了。

(2)交往心理。在社会风气影响下，为了办事顺利、联络感情，以烟酒引路，此风对青少年影响明显。某中学调查表明，男生间相互敬烟、请客、喝酒已成为习惯，认为“烟酒可使人产生亲近感，减少障碍，提高办事效率”。

(3)对压力的反抗心理。压力一般来自教师与家长。例如，超出承受能力的作业量，无须解释的强制性命令，不切实际的过高要求，对“蒙冤”式的批评申辩带来的训斥等，对学生来说都是沉重的压力。当焦虑、怨恨的情绪无从发泄时，他们便借吸烟、喝酒来表示反抗，企求在苦闷中得以解脱。

小知识

香烟的主要成分

1. 尼古丁

尼古丁是香烟烟雾中极活跃的物质，毒性极大，而且作用迅速。40～60毫克的尼古丁具有与氰化物同样的杀伤力，能置人于死地。尼古丁是令人产生依赖成瘾的主要物质之一。

2. 焦油

焦油在点燃香烟时产生，其性质与沥青并无多大差别。有分析表明，焦油中约含有5 000种有机和无机化学物质，是导致癌症的元凶。

3. 亚硝胺

亚硝胺是一种极强的致癌物质。烟草在发酵过程中以及在点燃时会产生一种烟草特异的亚硝胺(TSNA)。

4. 一氧化碳

吸烟时，烟丝并不能完全燃烧，因此会有较多的一氧化碳产生。一氧化碳与血红蛋白结合，影响心血管的血氧供应，促进胆固醇增高，也可以间接影响某些肿瘤的形成。

5. 放射性物质

烟草中含有多种放射性物质，其中以钋210最为危险，它可以放射出α射线。

除了上述有害物质之外，香烟中的有害物质还有苯并芘，这是一种强致癌物质。另外，烟中的金属镉、联苯胺、氯乙烯等，也会对癌细胞的形成起到推波助澜的作用。

2. 烟、酒对身体的危害

(1)烟会对人的气管产生强烈的刺激和损伤，容易引起气管炎。长期吸烟，这种刺激和损伤就会由气管发展到肺，甚至可能从一般的炎症发展到癌症。

(2)烟里含有各种有害气体，其中含有大量的毒素——尼古丁。尼古丁的毒性很大，一定量的尼古丁足以致人死亡。

(3)据统计，吸烟的人得呼吸道疾病、患肺癌的发病率比不吸烟的人高得多。

(4)酒对人的大脑、胃、肝等器官都不利。长期大量地饮酒，会造成对消化器官的伤害，甚至会诱发肝肿大、肝硬化。

(5)大量喝酒会使人头昏，走路、行动都不自主，说话不清，思维迟钝。

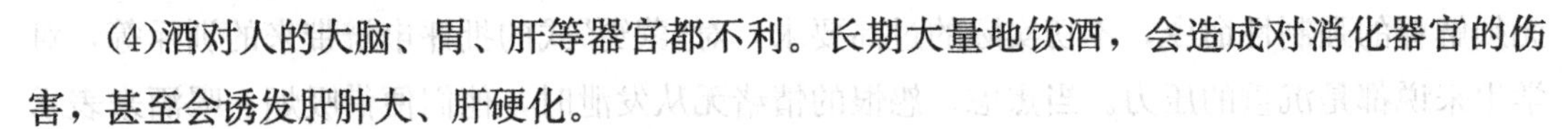

三、活动体验

学完这一节，相信大家对这些“毒害”有了新的认识。首先，请同学们搜集一些有关吸食毒品的案例，谈一谈你的看法。其次，想一想自己身边有没有赌博的现象。对于这种现象，你应该采取什么做法制止？再次，自己有没有吸烟、喝酒的习惯？如果有，应该怎样改正？如果没有，应该怎样保持下去，远离这些情况？

对毒品的认识：________________

____

____

制止赌博的做法：________________

____

____

远离烟酒的做法：____
____
____
____

四、知识拓展

新型毒品的种类

(一)冰毒

通用名称：甲基苯丙胺。

性状：外观为纯白结晶体，晶莹剔透，故被吸毒、贩毒者称为“冰”(Ice)。由于对人体的中枢神经系统具有极强的刺激作用，且毒性剧烈，又称为冰毒。冰毒的精神依赖性极强，已成为目前国际上危害极大的毒品之一。

滥用方式：口服、鼻吸。

吸食危害：吸食后会产生强烈的生理兴奋，能大量消耗人的体力和降低免疫功能，严重损害心脏、大脑组织甚至导致死亡。吸食成瘾者还会造成精神障碍，表现出妄想、好斗等。

(二)摇头丸

性状：以 MDMA、MDA 等苯丙胺类兴奋剂为主要成分，由于滥用者服用后可出现长时间难以控制随音乐剧烈摆动头部的现象，故称为摇头丸。摇头丸外观多呈片剂，形状多样，五颜六色。

吸食危害：摇头丸具有兴奋和致幻双重作用，在药物的作用下，用药者的时间概念和认知出现混乱，表现出超乎寻常的活跃，整夜狂舞，不知疲劳。同时在幻觉作用下使人行为失控，常常引发集体淫乱、自残与攻击行为，并可诱发精神分裂症及急性心脑疾病。

(三)K 粉

通用名称：氯胺酮。

性状：静脉全麻药，有时也可用作兽用麻醉药。一般人只要足量接触两三次即可上瘾，是一种很危险的精神药品。K 粉外观上是白色结晶性粉末，无嗅，易溶于水，可随意勾兑进饮料、红酒中服下。

吸食反应：服药开始时身体瘫软，一旦接触到节奏狂放的音乐，便会条件反射般强烈扭动、手舞足蹈，“狂劲”一般会持续数小时甚至更长，直到药性渐散身体虚脱为止。

吸食危害：K 粉具有很强的依赖性，服用后会产生意识与感觉的分离状态，导致神经中毒反应、幻觉和精神分裂症状，表现为头昏、精神错乱、过度兴奋、幻觉、幻视、幻听、运动功能障碍、抑郁以及出现怪异和危险行为，同时将对记忆和思维能力造成严重损害。

五、头脑风暴

1. 中学生在日常生活中哪些方面最易接触毒、赌行为？

2. 影响青少年吸烟的主要因素有哪些？

3. 讲述你身边有赌博、吸毒、吸烟的人对社会、对家庭、对自己的危害。

4. 建议学校采取什么样的教育方法和措施，让同学们远离赌、毒的危害？

六、评价与考核

评价方式	自我评价	相互评价	小组评价	教师评价
评价内容				
备注：根据项目开展需要选择评价方式				

第四节 艾滋病

一、情境感悟

22岁的小洋是一个爱笑、性格开朗的“阳光”男生，身体一直很健康，但去年年中，他发现自己总是不停地干咳并伴有持续低烧。最初，他只是怀疑自己得了肺病，但拍过胸片后，却没有发现异样。“医生要求我去验血，之后就被转到了免疫室。”免疫室门口大大的“HIV”让小阳的心理蒙上了一层阴影，他猜测自己可能是在一次不洁的性接触中感染了病毒。一周后，他的猜测得到了证实，检测结果显示他的HIV呈阳性，感染了艾滋病。“我还能活多久？被别人发现了怎么办？”“我该不该告诉爸爸妈妈？如果告诉他们，他们能承受得了吗？”小洋陷入了茫然和恐惧，独自一人的时候，他常会胡思乱想……

同学们知道艾滋病的传播途径有哪些吗？在生活中应该注意什么来预防艾滋病的发生？

预防艾滋病的措施有：____________________

____

____

____

二、知识探究

艾滋病是一种病死率很高的严重传染病，它的医学全称是“获得性免疫缺陷综合征”(AIDS)。这个命名表达了三个定义：第一，获得性，表示在病因方面是后天获得而不是先天具有的，是由艾滋病病毒(HIV)引起的传染病；第二，免疫缺陷，主要是病毒造成人体免疫系统的损伤而导致免疫系统的防护功能减低、丧失；第三，综合征，表示在临床症状方面，由于免疫缺陷导致的多种系统的机会性感染、肿瘤而出现的复杂症候群。

引以为戒 2012年2月的一天，丁某突然感到自己的身体不舒服，他发起了高烧，头也痛得厉害。无奈之下，自己只好到当地医院求医，医生确诊丁某患上了乙肝，便按照乙肝的病症进行治疗。可他吃了很多药，打了许多针，高烧症状仍然没有缓解。医生由此怀疑丁某华感染了艾滋病，便要求丁某到位于广西壮族自治区南宁市的自治区疾病预防控制中心进行检测。2012年10月28日，检测结果终于出来了，这一天也彻底改变了丁某的命运，结果显示他感染了艾滋病。此后，他就在家里治疗了一年多，但是病情始终没有好转，原本幸福的家庭因此解体。众叛亲离的他带着两万元来到海口谋生，但由于经营不善导致生活陷入绝境，加上长期背着沉重的思想包袱，痛苦万分的丁某竟然想一死了之。

(一)你知道感染艾滋病毒有哪些途径吗?

感染艾滋病毒的途径有血液途径传播、性途径传播、母婴途径传播。

(二)你知道如何预防艾滋病吗?

(1)洁身自爱，避免与患者、疑似者及高发病率者发生性接触；不去非法采血站卖血，不涉足色情场所，不要轻率地进出某些娱乐场所；任何场合都应保持强烈的预防艾滋病意识；不要存在任何侥幸心理；不要因好奇而尝试吸毒。

(2)生病时要到正规的诊所、医院求治，注意输血安全，不到医疗器械消毒不可靠的医疗单位特别是个体诊所打针、拔牙、针灸、手术。不用未消毒的器具穿耳孔、文身、美容。

(3)不与他人共享剃须刀、牙刷等，尽量避免接触他人的体液、血液，对被他人污染过的物品要及时消毒。

(4)注意与艾滋病病人的接触：给艾滋病病人采血及注射时，注射器应采用一次性用品，病人的血液、排泄物、污染的物品应进行彻底焚烧。病人的器皿及医用器械要专人专用，如病人的刮脸刀、牙刷、毛巾、茶杯等应专人专用，排尿、排便后要用肥皂洗手，可达到消毒的目的。

(5)禁止HIV抗体阳性者献血及提供其他体液。应告诉患艾滋病的妇女，不要口对口给婴儿喂食；月经期应特别处理好经血，不得使之污染他物；性生活时要采用避孕套，以防感染他人。同时，尽量说服病人不要怀孕，因为怀孕期可以将艾滋病病毒传染给后代。病人的性伴侣、配偶要定期进行艾滋病病毒抗体检查；对于抗体阳性者家庭的其他成员，在有条件的地区也要进行艾滋病病毒检查。

(三)艾滋病症状

由于患者的细胞免疫功能严重缺陷，失去对外界感染源的抵抗能力，因此极易发生各种感染及恶性肿瘤。患者表现为长期不适，持续高热，体重明显下降，持续一月或数月腹泻，恶心呕吐，直至进食困难而无力生还。

小知识

目前没有任何迹象表明艾滋病病毒是通过唾液、泪液、汗液、握手、拥抱等接触或昆虫传播的，说明艾滋病病毒不会通过日常生活接触而传染。艾滋病病毒也不会通过空气、饮水、食品，以及未消毒的餐具、衣服被褥、货币等物品而传染。一般也不必担心与艾滋病病人握手、亲吻或共用电话、马桶、桌椅等而被感染。旅游池和公共浴池一般也不会传染艾滋病。各种家养动物不可能携带艾滋病病毒，因此，艾滋病也不能通过动物的咬伤、抓伤而传播。

三、活动体验

第23个世界艾滋病日，一对男女举着"我是艾滋病人，请给我一个拥抱!"的牌子，在黄兴路步行街索拥抱。多数路人唯恐避让不及，有的则主动上前，与两人一一拥抱。这其实是湖南师范大学两位青年志愿者假扮的艾滋病人，以此宣传预防艾滋病，关爱艾滋病人……关爱艾滋病患者，这个口号正在越来越广泛地被关注，每年的12月1日被定为"世界艾滋病日"，因此在这一天，总是有许许多多关于艾滋病的宣传活动，除了告诉大家"关爱生命，学会保护自己"之外，还会呼吁大家对艾滋病患者"消除歧视，关爱他们"。这对举牌想要拥抱的男女大学生，正是希望通过这种简单的关爱来消除大家对艾滋病患者的蔑视与恐惧，只是效果好不好，相信只有真正的艾滋病患者才能明白了。

假如你是艾滋病宣传大使，你要给同学们讲一些艾滋病预防的知识，你应该讲哪几点？

预防艾滋病的方法：____

____

____

四、头脑风暴

1. 艾滋病有哪几种传播途径？

____

____

____

2. 我们应该以什么样的生活方式远离艾滋病？

3. 如何关爱艾滋病患者？

五、评价与考核

评价方式	自我评价	相互评价	小组评价	教师评价
评价内容				
备注：根据项目开展需要选择评价方式				

第四章 实训安全

导 读

实训是职业技能实际训练的简称，是指在学校日常理论课以外的实践教学活动，是对学生进行职业技术应用能力训练的教学过程。特别在中等职业学校，实训是职业教育的重要教学环节，是提高学生技能的重要途径，学生不但要在生产学习、模拟仿真实训中强化技能训练，更要在实训操作中强化安全意识，养成遵守安全操作规程的习惯，为今后的职业生涯做好准备。

第一节 实训规范要求

一、情境感悟

某学校机械专业小高同学平时学习勤奋刻苦，实训课喜欢钻研。实训课时李某正在打磨工件操作，小高在旁边观摩，可是小高观摩所站的位置不对，导致铁屑飞入右眼，教师和同学们忙将他送入医院，但遗憾的是已经伤到了眼睛，治疗以后看东西都非常模糊。

我们在日常实验、实习、实训过程中应如何做好安全防范措施?

正确的做法是：____________________

____

____

____

二、知识探究

中等职业学校专业多样，学生实验、实习、实训岗位的种类非常多。安全是实践活动的第一要务，在实训中，必须遵守实训纪律，严格按照规程进行操作，绝不能疏忽大意或心存侥幸。虽然每一种职业都有特定的安全要求，但其目的是一致的。

(一)基本要求

(1)在非实训课时间，没有获得相关教师的批准，学生不得擅自进入实训场所或区域。

(2)学生不得穿拖鞋、短裤、背心进入实训场所。有特殊要求的，应按相关岗位要求穿戴好合格的防护装备和用品。

(3)在实训场所内不可随意打斗、嬉闹、奔跑等。

(4)注意观察实训指导教师的示范教学方法，并按正确的方法进行操作。

(5)除指导教师指定的可操作机器或器材外，室内的其他设备和器材均不可擅自使用。

(6)进行可能会产生火花或者对眼睛或脸部产生伤害的相关操作时，需戴安全镜、眼罩或面罩等劳保用品。接触高温物体或会对皮肤产生腐蚀作用的酸碱液等危险物时，应戴上手套或相关防护用品。

(7)学生进行危险器材的操作时，必须提前认真学习和掌握安全操作事项及要领，并有实训指导教师在旁指导。

(8)机器在使用前应仔细做好安全检查，无误后方可使用。

(9)未经实训指导教师许可，不可擅自启动或操作任何机器。

(10)操作机器时，须认真工作，不可麻痹大意、谈笑嬉戏。

(11)操作回转类机器时，不可穿宽松、敞口袖的衣服，除非必要情况，不可戴手套，女生注意戴头罩，防止衣服、头发卷入机器的回转部分。

(12)其他同学操作机器时，注意不可围观或进行骚扰。经验交流时，应站在安全范围内，避免事故的发生。

(13)机器在操作过程中出现故障，应立即切断电源，并通知实训指导教师处理，不得擅自处理或隐瞒不报。

(14)实习完毕后，应将机器、仪器擦拭干净，做好相应的防护处理，经教师检查合格后，方可离开。

(15)所有与电有关的危险操作，必须在教师的指导下进行。

(二)特殊要求

特殊作业岗位实训安全有更严格的要求。特殊作业是指容易发生人员伤亡事故，对操作者本人、他人及周围设施的安全可能造成重大危害的作业，直接从事特种作业的人员称为特种作业人员。电工作业人员、锅炉司炉、操作压力容器者、起重机械作业人员、爆破作业人员、金属焊接(气割)作业人员、煤矿井下瓦斯检验者、机动车辆驾驶人员、机动船舶驾驶人员及轮机操作人员、建筑登高架设作业者等，以及符合特种作业人员定义的其他作业人员，均属特种作业人员。

许多行业对特种作业人员还有更细致的规定。例如，《建设工程安全生产管理条例》规定：垂直运输机械作业人员、安装拆卸工、爆破作业人员、起重信号工、登高架设作业人员等特种作业人员，必须按照国家有关规定经过专门的安全技术培训，并取得特种作业操作资格证书后，方可上岗。

“特种作业人员操作证”不同于一般的职业资格证书或技术等级证书。两类证书分别从操作安全资格和职业技能水平两个不同方面，按各自不同的培训、考核大岗要求对劳动者进行培训，两者不可相互替代。

一般职业学校、技工学校或各类职业培训中心的毕业生，必须取得相应的职业资格证书后，才能到技术工种岗位就业，特种作业的操作人员持证上岗制度是国家劳动安全监察的一项重要措施。按《中华人民共和国劳动法》第五十五条规定，凡从事特种作业人员必须按相应大纲要求进行专门培训，取得“特种作业人员操作证”方可上岗作业。

三、活动体验

2015年8月17日，成都市一仓库发生火灾，所幸火灾未造成人员伤亡。事后经过公安部门的调查了解发现，火灾原因是该市场打零工的肖某在未取得相关资格证的情况下进行电焊作业，并在没有对作业现场进行查看和采取相应消防安全防范措施的情况下就直接用电焊违规作业，不经意间散落的电焊火花引燃了身边的编织袋。肖某说：“当时我用电焊机挑铜，电焊的火花落在编织袋上，我开始用脚踩，但是踩不灭，很快火焰蔓延开来，火就越烧越大，以致燃烧了整个仓库。”肖某事后说，自己根本不知道电焊会引发火灾。引发火灾后，肖某想报火警，慌乱中竟拨了“118”。根据《中华人民共和国消防法》第六十四条第二项，对电焊工肖某因无证电焊引燃附近可燃物品引发火灾的行为，除承担相应的经济损失外，并处十五日的行政拘留处罚。

如果你是肖某，你会随意操作电焊机、压力容器、起重机械、爆破装置吗？在今后的实习、工作岗位上，应如何避免类似的安全事故的发生？

正确的做法是：

四、头脑风暴

学习了实训场地的安全知识，同学们一定会对实习安全有深刻的认识，所以我们千万不要忽视实习安全，要严格遵守实习规程，严格按照实习教师的指导和要求进行操作。为加强实习、实训场地的安全管理，实习、实训场地内需要张贴“实训场地安全须知”，你认为这些安全须知中应包括哪些内容？请写出具体的条目。

实训场地安全须知：

1. 请同学们找一找在平时实习、实训中的安全隐患。

2. 你觉得自己在实习、实训中不规范的安全操作有哪些？

3. 根据你所掌握的学校实习、实训管理和设施设备情况，你给学校的管理建议是：

五、评价与考核

评价方式	自我评价	相互评价	小组评价	教师评价
评价内容				
备注：根据项目开展需要选择评价方式				

第二节　机器使用安全

一、情境感悟

某职业中等专科学校学生在校工厂进行车工实习，女生小谢当天把工作帽放在宿舍忘记戴，指导教师不允许她参加当天动手实习，只能在旁边观摩同组同学实习。一开始小谢站在旁边协助同组同学实习，后来她利用同学上厕所的机会站上了工作台，由于工作太专注，头埋得太低，不小心她长长的头发被卷进了车床卡盘上，活生生的头发带着一大块头皮被拉了下来。

同学们每次到实训场所去上课，对各种实训设备安全是否了解？那么，在课前教师指导时，你有没有认真听讲？你知道实训场所有哪些重要的安全常识吗？

____

____

二、知识探究

职业学校的性质决定了其办学必须面向技术、面向应用、面向市场，因而学生几乎有一半时间是在实习、实训场所度过的，学生不可避免地会与一些机械设备、电气设备打交道。有的学生对所接触的物品不注意识别，知其然而不知其所以然，工作中马马虎虎，怕麻烦，图省事，不按规程操作，造成安全事故。

(一)机械危险产生的主要方式和部位

机械伤害一般多为直接的夹伤、撞伤、切伤、擦伤、轧伤、卷入伤和飞出物伤害，不同机械产生的主要伤害不同。例如，金属切削加工机械在作业时产生的灼热切屑会伤人，木工机械中的各种锯屑易伤手等。

一般机械设备上容易对人体造成伤害的危险部件主要分为旋转、静止两大类。一类是容易造成伤害的旋转部件，如转轴、飞轮、相对运动部件的夹轧、蜗杆和螺旋，运动部件上的凸出物，旋转部件和成切线运动部件间的咬合处，旋转和固定部件之间的咬合处，往复式、滑动、切削的部件；另一类是容易造成伤害的静止部件，如机械的突出部件，粗糙的设备表面和边缘，设备的孔洞，可能引起滑跌、坠落的(工作)平台。

(二)防止机械危险的主要原则

遵守“有轮必有罩，有轴必有套，有台必有栏，有洞必有盖”的机械设备“四有四必”原则，严格遵守防止机械伤害的“一禁、二必、三定、四不准”。

一禁：没有指导教师和带训师傅指导的实训学生，严禁使用和摆弄机电设备。

二必：机电设备应完好，必须有可靠有效的安全防护装置。机电设备停电、停工休息时必须拉闸关机，电箱按要求上锁。

三定：机电设备应做到定人操作、定人保养、定人检查；机电设备应做到定机管理、定期保养；机电设备应做到定岗位和岗位职责。

四不准：机电设备不准带病运转；机电设备不准超负荷运转；机电设备不准在运转时维修保养；机电设备运行时，操作人不准将头、手、身伸人运转的机械行程范围内。

(三)防止机械事故应采取的安全措施

1. 按规定使用个人劳动防护用品

个人劳动防护用品是保护劳动者在机器使用过程中的人身安全与健康所必备的防御性装备，在意外事故发生时对避免伤害或减轻伤害程度能起到一定作用。按防护部位不同劳动防护用品可分为九大类：安全帽、呼吸护具、眼防护具、听力护具、防护鞋、防护手套、防护服、防坠落护具和护肤用品。工作中应正确选配防护用品。

2. 环境的安全措施

保证通道畅行无阻，满足物料输送和人员走动的需要。有障碍物时悬挂突出物，机械可移动的范围内应设防护或加醒目标志。

工具应按规定摆放，原材料、成品、半成品应堆放整齐、平稳，防止坍塌或滑落。及时清理废屑，保持地面平整，无油垢和水污，室外作业场地应有必要的防雨雪遮盖。保证足够的作业照明度。

3. 严格按规程操作

操作者不按安全操作规程操作是发生事故的重要因素，如工件或刀具没有夹持牢固就开动机床，在机床运转中调整或测量工件、清除切屑等。因此，操作中必须严格遵守以下要求。

(1)机器设备运转时，禁止用手触摸齿轮、链条、刀轴(杆)等，清扫齿轮和链条要停车进行。

(2)移动皮带时，必须使用专用工具，禁止直接用手在皮带上涂油脂或蜡，一般应停车进行，或在皮带出口端进行。

(3)运转的机械在切断动力源后，尚有动惯性，禁止用手或工具制动。

(4)需要打开或卸下安全防护罩时，应有显示危险标志，防止设备意外开动。

(5)禁止伸手越过转动的机械或工件进行操作和调整。

(6)发现机械设备或开关按钮有故障，应报告车间主管人员或专职人员，及时修理。

(7)钻床、车床、铣床、木工机床等操作工，禁止戴手套，工作服穿着整齐，留长发的要戴帽子，以防绞碾。

(8)作业停止时，必须使机械各部分能量降到零位，并切断电源、气源等。

三、活动体验

2009 年 1 月 13 日上午，青岛某机械有限公司铆焊车间正在组织工件加工，10 时 30 分许，在车间西北侧一钻床正在从事工件钻孔的操作工尹某在往钻台装夹工件时，由于没有停止钻床运转，左臂衣袖被钻头缠住，致使其左臂、头部被缠卷入钻床的夹缝处。车间职工李某发现后，及时上前关闭钻床，并随同赶来的车间主任刘某等人一起将尹某从钻床机台上救出，并送往医院进行抢救。15 时许，尹某经抢救无效死亡。

同学们请分析，该起事故发生的原因是什么？应该如何避免？

____

____

四、头脑风暴

1. 我们学习了机械安全知识，请同学们想想我们实训过程中有哪些不规范的操作？

____

____

2. 请你找一找在我们的实训设备、实训过程、生活中有哪些安全隐患？

____

____

____

____

3. 为了提高专业技能，增强实训效果，达到“安全第一”的目的，根据你在学校、企业实习情况，请你对学校的实习安全工作提出意见和建议。

____

____

____

____

五、评价与考核

评价方式	自我评价	相互评价	小组评价	教师评价
评价内容				
备注：根据项目开展需要选择评价方式				

第三节　急救与逃生

一、情境感悟

2005 年 10 月 25 日晚 8 时许，四川省巴中通江县某中学发生一起踩踏事件，据同学介绍，事件发生于晚自习结束后，同学们在下楼梯时突然楼道灯熄灭，有同学喊了一声“鬼来了”故意吓唬其他同学，使得同学们慌张乱窜导致了踩踏事件。事件造成了 8 名学生死亡，45 名学生受伤的悲剧。

同学们，遇到伤害事故必须迅速采取措施，以防止事态的扩大，造成不必要的严重后果。那么请你想一想，在你以后的人生经历中，应当如何避免伤害事故的发生？

____

____

____

二、知识探究

(一)怎样拨打急救电话

1. 如何拨打“120”急救电话

拨打“120”急救电话时，要沉着冷静，说话清晰，语言简练，确保接线员听清。

(1)简要说明受伤的原因和伤情，群体伤要说出受伤人数，如三人触电、一人心跳停止。

(2)详细说明地址，说明事故现场的显著标志物。设法让救护车尽快到达现场，派人等候在路口、大门口、显著标志物前，接应救护车并为急救人员指路。最好搬开影响救护车到达现场的障碍物，夜间要解决照明问题。

(3)告知联系方式，即手机号、座机，必须留下能够与事故现场联系的电话号码。

(4)不要先挂电话。要让“120”先挂线，以便回答调度员的提问，保证对方已经完整了解了施救所需要的信息，并接受调度员初步急救处理的指导。

(5)保持冷静，为急救人员来临做好准备。求救人应在患者身边陪护等待，救护车出车前，急诊医生一般会打电话联系求救人，确认患者病情和事发地点等情况，而且可能会指导现场自救。

2. 如何拨打“119”火警电话

拨打“119”火警电话，和拨打“120”急救电话一样，一定要讲清楚着火单位全称、地理位置，最好能说清燃烧物质和火源。此外，派人到主要路口接应消防车的到来，疏通道路，清除消防栓周围的杂物，为消防车尽快进入现场做好准备。火警电话“119”很好记，它的谐音是“要要救”。

注意：如果有燃气设备、管道在火灾现场或附近，打电话报警应在没有燃气泄漏的地方，否则会引起爆炸。

3. 如何拨打“110”求救电话

“110”报警服务台以维护治安与服务群众并重为宗旨，除负责受理刑事、治安案件外，还接受群众突发的、个人无力解决的紧急危难求助。以下情况可以拨打“110”急救电话。

(1)正在发生杀人、抢劫、绑架、强奸、伤害、盗窃、贩毒等刑事案件时。

(2)正在发生扰乱商店、市场、车站、体育文化娱乐场所公共秩序，赌博、卖淫嫖娼、吸毒、结伙斗殴等治安案件时。

(3)发生各种自然灾害事故时。

(4)发生重大责任事故时。

(5)突遇危险无力解决时。

(6)要举报违法犯罪线索时。

电话报警要注意几个问题：一是要在就近的地方，抓紧时间报警，越快越好，特别注意说清地点。二是报警时要按民警的提示讲清报警求助的基本情况，以及现场的原始状态如何。打“110”还要提供报警人的所在位置、姓名和联系方式。三是无特殊情况，报警后应在报警地等候，并与民警和“110”及时取得联系。

小贴士

某职业学校高三学生小伍，在五一放假后没有及时回家，而是与本校几个同学一起在外面上网，第二天凌晨2点左右，本班一同学在外因争风吃醋与人发生矛盾，邀请他们去帮忙，小伍一行五人不假思考就前去了，在双方打斗过程中，对方一人拿出刀子对着小伍就是一刀，刀子刺入内脏，其他人见状吓着了一哄而散，小伍也吓着了，自己独自一人跑到一角落躲起来，血一直在往外流，他既没有报警，也没有向路人求助。凌晨5点，一送牛奶的工人发现路边躺着一个人，而且有大量的血，才报了警，等送到医院终因失血过多而死亡。

同学们想一想，在这个事件中小伍失去了几次逃生自救的机会？

____

____

____

____

(二)伤员急救

1. 触电急救

当发现有人触电，必须用最快的方法使触电者脱离电源，然后根据触电者的具体情况进行相应的现场救护。

(1)脱离电源。脱离电源的具体方法可用“拉”“切”“挑”“拽”“垫”五个字来概括。

拉：就近拉开电源开关，拔出插头或瓷插熔断器。

切：电源开关、拔出插头或瓷插熔断器距离触电现场较远时，可用带有绝缘柄的利器切断电源线。切断时应防止带电导线落地时触及周围的人体。

挑：如果导线搭落在触电者的身上或压在身下，这时可用干燥的木棒或竹竿等挑开电线。

拽：救护人可戴上绝缘手套或在手上缠上干燥的衣服等绝缘物品拖拽触电者，使之脱离电源。

垫：如果触电者由于痉挛，手指紧握导线或导线缠绕在身上，可先在触电者的身下垫上干燥的木凳、木板，使触电者与地绝缘，然后采取其他办法切断电源。

(2)现场急救。当触电者脱离电源后，应马上进行现场紧急救护。当触电者出现心脏停搏、无法呼吸等假死现象时，可采用胸外心脏按压法和口对口人工呼吸法进行救护。

胸外心脏按压法适用于有呼吸但无心跳的触电者。救护方法的口诀：病人仰卧硬地上，松开领口解衣裳；当胸放掌不鲁莽，中指应该对凹膛；掌根用力向下按，压下一寸至半寸；压力轻重要适当，过分用力会压伤；慢慢压下突然放，一秒一次最恰当。

口对口人工呼吸法适用于有心跳但无呼吸的触电者。救护方法的口诀：病人仰卧平地上，鼻孔朝天颈后仰；首先清理口鼻腔，然后松扣解衣裳；捏鼻吹气要适量，排气应让口鼻畅；吹二秒来停三秒，五秒一次最恰当。

2. 其他救护

(1)外伤急救。割伤、刺伤、物体打伤和碾伤均会造成出血，如伤者一次出血量达全身血量的1/3以上，生命就有危险，及时止血非常重要。创伤部位有异物时，如无把握就不要随便将异物拔掉，因为插入物体可以暂时起到止血的作用，拔掉可能引起大出血。

止血包扎后，如有断手、断肢应立即拾起，用干净的手绢、毛巾包好，放在没有裂缝的塑料袋内，周围用冰块、雪糕等降温。做完上述事项后，立即将伤员及断肢送医院，让医生进行再植手术。千万不要在断肢上涂碘酒、酒精或其他消毒液。

(2)化学品现场急救。化学品对人体可能造成的伤害包括中毒、窒息、化学灼伤、烧伤、冻伤等。进行急救时，救援人员要加强自我防护，避免造成新的伤害。

急救程序：除去伤员污染衣物→冲洗→个性处理→转送医院。

个性处理举例如下：

神志不清：呼吸困难的人给予氧气吸入，呼吸停止时，进行人工呼吸或胸外心脏按压。

眼睛污染：立即提起眼睑，用大量流动清水彻底冲洗至少15分钟。

吃进毒品：应根据物料对症处理，压舌促其呕吐，简单洗胃。

发生烧伤：基本原则是消除热源、灭火、自救互救。无论是强酸、强碱，还是磷造成的烧伤，一方面要尽快打“120”急救电话，一方面要尽快脱去伤者衣服，用大量清水冲洗。

(3)中暑急救。

一是撤离，迅速撤离中暑的高温环境，选择阴凉通风的地方休息，解开或脱去衣服。

二是补水，饮用含盐分的清凉饮料，虚脱时应平卧，如果患者呕吐，停止喂水。

三是抹药，可以在额部、颈部涂抹清凉油、风油精，或服用人丹、藿香正气水等药。

四是降温，可用海绵或者湿巾擦拭患者身体以降温。

五是就医，及时送往医院做进一步的治疗。

3. 逃生

(1)火灾逃生十原则。一是熟悉环境，留意路线；二是及时报警，扑灭小火；三是迅速判断，尽快撤离；四是勿恋财物，生命第一；五是趴地探路，捂严口鼻；六是躲开烟火，及时救援；七是别上电梯，宁下勿上；八是暂退房内，关门隔火；九是火已烧身，就地打滚；十是跳楼危险，讲究方法。

(2)化学事故逃生五原则。一是呼吸防护；二是皮肤防护；三是眼睛防护；四是撤离；五是冲洗。

三、活动体验

一位学生的话：我们是父母生命的延续。

父母含辛茹苦地养育我们，不图回报，只是希望我们健康成长，好好生活。他们最怕白发人送黑发人，我们怎么能忍心让年迈的父母因失去儿女而老泪纵横，怎么能忍心让父母苍老的身躯因悲痛而颤抖，怎么能忍心让无依无靠的老人孤苦伶仃地度过余生？我们是父母生命的延续，我们的生命不仅是自己的，也是父母的。我们活着是责任，也是义务，既是父母的希望和寄托，也要让他们有个幸福的晚年，为他们养老送终。我们有沉甸甸的责任，我们应该珍惜生命、热爱生命！

同学们想一想，在我们日常生活中除了使用电源、天然气、交通、溺水、雷电、洪水等，还有哪些潜在的安全隐患？当你遇到这些危险时该怎么做？

____

____

____

____

四、头脑风暴

1. 找找学校和实训场地的灭火器材，学会正确的操作使用方法。

____

____

____

____

2. 问问父母或亲朋好友，参加过用人单位组织的体检吗？有与常规体检不同的特殊体检项目吗？

3. 写一份家庭因天然气泄漏火灾(电影院楼道踩踏、校园地震)的逃生计划(有标注安全通道的现场平面图、现场场景描述、自己的心理活动、自己或帮助他人的逃生计划、自救和互救过程)。

五、评价与考核

评价方式	自我评价	相互评价	小组评价	教师评价
评价内容				
备注：根据项目开展需要选择评价方式				

第五章 消防知识

导 读

火灾对人类的危害是巨大的。它能烧掉人类经过辛勤劳动创造的物质财富，使工厂、仓库、城镇、乡村和大量的生产、生活资料化为灰烬，影响社会经济的发展和人们的正常生活；能烧掉大量文物古建筑等许多人类文明，毁灭人类历史的文化遗产，造成无法挽回和弥补的损失；能烧掉茂密的森林和广袤的草原，使宝贵的自然资源化为乌有；还污染了大气，破坏了生态环境；甚至还夺去许多人的生命和健康，造成难以消除的身心痛苦。

因此，如何正确地使用火和防止火灾的发生是十分重要的。

第一节 火灾基本常识

一、情境感悟

2015年8月12日晚11时许，天津滨海新区第五大街与跃进路交叉口的一处集装箱码头发生爆炸。第一次爆炸发生在2015年8月12日23时34分6秒，近震震级ML约2.3级，相当于3吨TNT；第二次爆炸在30秒后，近震震级ML约2.9级，相当于21吨TNT。事发时10千米范围内均有震感，抬头可见蘑菇云。爆炸发生后天津塘沽、滨海等，以及河北河间、肃宁、晋州、藁城等地均有震感，造成165人遇难(其中参与救援处置的公安现役消防人员 24 人，天津港消防人员 75 人，公安民警 11 人，事故企业、周边企业员工和居民 55 人)、8 人失踪(其中天津消防人员 5 人，周边企业员工、天津港消防人员家属 3 人)，798 人受伤(伤情重及较重的伤员 58 人、轻伤员 740 人)，304 幢建筑物、12 428 辆商品汽车、7 533 个集装箱受损。截至 2015 年 12 月 10 日，已核定的直接经济损失 68.66 亿元。经国务院调查组认定，此次火灾爆炸事故是一起特别重大生产安全责任事故。2016 年 11 月 9 日，天津港爆炸案一审宣判，49 名被告人被判处死缓到一年六个月不等的刑罚。在这起由于化学品爆炸引起的火灾中，死亡的人员中有些人身上并没有被火烧过的痕迹。其实在很多火灾现场，常有这样的现象，有的死亡人员没有一点烧伤的痕迹，那么无形的杀手到底是谁呢？是燃烧时产生的大量的烟雾和毒气，主要是一氧化碳、二氧化碳等燃烧的混合物，它能使人窒息、中毒致死。

同学们，在你的人生历程中是否遇到过火灾？发生火灾的原因是什么？请发表自己的看法。

____

____

____

二、知识探究

(一)你知道火灾及其发生的原因吗？

什么是火灾？火灾是指在时间和空间上失去控制的燃烧所造成的灾害。火灾必须具备以下三个必要条件，即可燃物(如木材、纸张、汽油、酒精等)、氧化剂(氧气，空气中含有氧气)和温度(引火源)。只有这三个条件同时具备，才可能发生燃烧现象，无论缺少哪一个条件，燃烧都不能发生。

火灾发生的原因多种多样，但是归纳起来都是由于人的不安全行为或者物的不安全状态或者两者兼有所致。根据公安消防部门的统计，超过90%的火灾是由于用火不慎、违反电器安装使用规定造成的，具体表现在以下几方面。

1. 使用明火不慎

在着火的三个条件中，可燃物和氧化剂是客观存在的，而温度又是着火的重要条件，因此使用明火不慎非常容易引起火灾。下面这些做法都潜伏着火灾的危险：乱扔未熄灭的烟头；将未熄灭的炉灰倒在可燃物上；蜡烛周围有可燃物；火炉与床、木家具等距离过近；在人员密集处、物资堆垛、草堆、工棚等易燃建筑物旁燃放烟花爆竹；违章电气焊割熔渣四溅等。

2. 用电不当

随着人们生活水平的不断提高，越来越多的电器进入家庭，使用中稍有不慎就可能引起火灾。从以往发生的火灾中发现，主要引发火灾的用电不当有以下情况：电熨斗通电后放在木板上；电吹风接上电源未关开关放在可燃物上；电视机、电热毯等家用电器通电时间过长；同时使用多种电器，负荷过大；保险丝不合规格，超负荷时失去保护作用；电线接头处裸露、连接不牢靠；乱拉电线或者电线绝缘损坏，漏电产生火花。

3. 使用燃气不当

生活中使用燃气不当的情况主要有液化石油气、煤气灶具漏气；随意拆卸输气管、阀门；用火检查管道、阀门漏气；钢瓶里剩余的少量残液随意倒掉或用火烤钢瓶等。

4. 自然灾害引发的火灾

由自然灾害引发的火灾主要是地震、大风和雷电等。

5. 放火和儿童玩火

由于儿童玩火引起的火灾占有相当高的比例，农村尤为突出。放火是蓄意造成火灾的行为，放火的比例虽然较小，但危害很大，必须引起高度警惕。放火属于违法犯罪行为，司法部门要根据情节轻重，予以放火者不同的刑事制裁或者行政处罚。例如，2002年6月16日凌晨，北京市海淀区的“蓝极速”网吧发生纵火案，造成25人死亡，13人受伤。据侦察了解，纵火者张某13岁，宋某14岁，二人两周前在“蓝极速”网吧与服务员发生纠纷，于是起意报复，随后购买1.8升汽油纵火。此事件在社会上造成恶劣影响，宋某被判无期徒刑，张某因不满14岁被收容劳动教养。

(二)你知道灭火的基本原理吗?

由燃烧所必须具备的三个基本条件可知，破坏掉其中一个条件，火就熄灭了。由此归纳灭火的基本原理为以下四个方面：冷却、窒息、隔离和化学抑制。前三种灭火作用主要是物理作用，化学抑制是化学作用。

1. 冷却灭火

对一般可燃物来说，能够持续燃烧的条件之一就是它们在火焰或热的作用下达到了各自的着火温度。因此，对一般可燃物火灾，将水直接喷洒到燃烧物体上，着火物受到冷却而降温，火就熄灭了。水的灭火机制主要是冷却作用。

2. 窒息灭火

各种可燃物的燃烧都需要大量的氧气，否则燃烧不能持续进行。因此，灭火是采取捂盖的方式，通过降低燃烧物周围的氧气浓度起到灭火的作用。通常使用的二氧化碳、氮气、水蒸气等的灭火机制主要是窒息作用。

3. 隔离灭火

把可燃物与引火源或氧气隔离开来，燃烧反应就会自动中止。火灾中，关闭有关阀门，切断流向着火区的可燃气体和液体的通道；打开有关阀门，使已经发生燃烧的容器或受到火势威胁的容器中的液体可燃物通过管道至安全区域，都是隔离灭火的措施。

4. 化学抑制灭火

化学抑制灭火是使用灭火剂与链式反应的中间体自由基反应，从而使燃烧的链式反应中断，使燃烧不能持续进行。常用的干粉灭火剂的主要灭火机制就是化学抑制作用。

小知识

科学研究表明，如果空气中的一氧化碳浓度达到0.05%，人吸入30分钟就会出现中毒症状；达到0.07%～0.15%，吸入1小时人就会昏迷中毒，出现危险；达到0.5%～1%，如果人连续吸入5分钟就会死亡。

一氧化碳的特点：无色无味的气体，人们时常在不知不觉中吸入体内而中毒；一氧化碳最早伤害的是人体大脑的细胞，尤其是让调节人体肌肉运动的神经中枢失去作用。因此，一旦在火场中出现了头晕、乏力、流泪、咳嗽、胸闷、呼吸困难等反应，就是中毒的先兆症状，如果不采取有效的防范措施，持续下去就会发生严重的中毒事故。

友情提示

当烟雾呛人时，可用湿毛巾捂住口、鼻，并屏住呼吸，不要大声呼喊，防止中毒。

匍匐式前进，贴近地面的空气一般烟雾少，而且空气的含量较多，可以避免被毒烟熏到而窒息。

(三)你知道家庭中的灭火常识吗?

1. 家庭中有哪些东西可以用来灭火

水是最简单的灭火剂，纸张、家具、被褥、衣物等起火都可以用水来灭。其他如土、沙土、淋湿的棉被、麻袋、扫把、拖布、衣服等也可用作打灭小火的工具。

2. 家庭中常用的灭火方法

发现家中起火，不要耽搁，要就地取材，及时扑灭。

液化气灶具因漏气起火，可将毛巾或抹布淋湿盖住火点，同时迅速关闭阀门。

如果油锅着火，千万不要用水扑灭，更不要直接用手去端锅。应该立即用锅盖盖严油锅或者将切好的菜放入锅内，锅里的油火与空气隔绝后就会熄灭。

家用电器着火时，要立即拉闸断电，或拔下插头，然后用湿棉被灭火。在未断电前，切记不要用水扑救，因为水能导电，容易造成触电伤人事故。

三、活动体验

2015年1月18日，大林镇有老两口因儿子、媳妇外出打工在家带两个孙子，孙子四岁，孙女七岁。这天晚上天气很冷，奶奶担心孙子、孙女晚上睡觉冷，在临睡前将一个无烟煤炉放在孙子、孙女睡觉的房间。第二天早上七点，当爷爷叫孩子们起床吃饭的时候，怎么叫也没有响应，于是来到他们睡觉的房间，使劲打孙子的屁股还是没有反应，这才慌了神，一摸孩子们已经没有了呼吸。两个年幼的孩子就这样丢了性命。

同学们想想，这样的结果带给家庭的是什么？孩子们为什么就丢了性命呢？两个老年人犯了什么错误？

____

____

____

____

四、头脑风暴

1. 总结一下，平常火灾发生的原因有哪些？

____

____

____

____

2. 燃烧物燃烧的条件是什么？常用的灭火方法有哪些？

____

____

____

____

3. 学校有哪些灭火设备？你会使用吗？你的家里哪些物品可以用作灭火工具？

____

____

____

____

五、评价与考核

评价方式	自我评价	相互评价	小组评价	教师评价
评价内容				
备注：根据项目开展需要选择评价方式				

第二节 防火基本常识

导 读

家庭生活离不开火，安全用火能给人们的生活带来温暖和幸福；用火不当则会给人们的生活带来危害和灾难。因此，每一名中学生都应掌握基本的防火和用火安全知识，从生活点滴做起，确保自身的消防安全并督促、协助家长做好家中的消防安全。

家庭中，常见的生活用火主要有火炉、灶具、火柴、打火机、香烟、蜡烛、蚊香和烟花爆竹等。我们的生活中离不开这些明火，但是一旦失控将给家庭带来灾难。

一、知识探究

(一)你知道家庭用火常识吗?

1. 火炉使用的消防安全

情境感悟 2011年1月23日，4岁的小燕的姐姐出门时，把小燕一个人留在火炉边取暖。当姐姐回来时，发现火炉边的椅子和垫子早已着火，小燕身上也着了火，全身80%烧伤。

小贴士 火炉、火盆、手炉等都是用明火取暖的工具，在我国某些城市的平房区和农村地区使用广泛。由于炭火过旺，温度太高，烧烤时间长，衣服、被褥等会引着起火，或者由于不小心打翻火炉等，往往会酿成灾难，造成人员伤亡。

使用火炉非常危险，在日常生活中要做到以下方面。

(1)火炉与桌、椅、床等可燃物要保持一米以外的距离。

(2)烧过的炉灰要晾凉或用水浇灭后方可倒进垃圾箱。

(3)使用火炉时一定要有人看管，外出或睡觉前要认真检查并将其封好。

2. 蜡烛使用的消防安全

情境感悟 2003年12月某天，天津市某小区一户居民因停电用蜡烛照明，把蜡烛放在卫生间的洗衣机上，不料蜡烛倒地，点燃了洗衣机，卫生间燃起大火。

2005年1月6日，广西壮族自治区南宁市某摩托车配件厂着火，造成直接财产损失67.5万元，火灾原因是用蜡烛照明不慎引燃废纸所致。

小贴士 虽然现在我国基本上都使用电灯照明，但如遇到停电，蜡烛还是常被“请”出来。

使用蜡烛时，应将蜡烛固定在不燃物体上(如瓷盘上面)，切不可放置在木制床头、茶几、纸箱等可燃物体上。蜡烛要放置得当，且周围没有易燃可燃物品，以防碰倒后引起火灾。

点燃的蜡烛应远离蚊帐、门帘、窗帘、挂历等易于飘动的可燃物，更不可靠近摩丝、杀虫剂等，以防受热后发生爆炸。使用蜡烛照明的室内，不能使用汽油、煤油等易燃易爆物品。不要用蜡烛照明寻找物品。特别是在仓库中、资料室里或床底下、柜橱内以及堆放易燃物品的地方，不要一手拿着蜡烛一手寻找东西。点燃的蜡烛要有专人看管，用完后要及时熄灭。在举办活动时点燃的蜡烛在活动结束后要有专人负责熄灭。

3. 点蚊香的消防安全

情境感悟 2001年6月5日凌晨，江西省广播电视艺术幼儿园发生火灾，造成13名幼儿死亡。引起火灾的直接原因是幼儿床上的被子掉落在地上点燃的蚊香上而引起燃烧。

小贴士 点燃的蚊香要放在远离窗帘、蚊帐、床单、衣服等可燃物的地面上。如果将点燃的蚊香放在窗台等较高的物体上，若被大风吹动，蚊香可能会被吹动跌落，假如落到可燃物上就会起火。点蚊香时，一定要把蚊香固定在专用的铁架上，切忌把点燃的蚊香放在可燃物上。蚊香是用除虫菊等药用植物为原料，经过研磨、调配加工而成的，具有很强的引燃能力，点燃后虽然没有火焰，但能持续燃烧。如果人员要离开，一定要把蚊香熄灭，以免留后患。

4. 烟花爆竹燃放时的消防安全

情境感悟 2009年2月9日晚21时许，中央电视台新台址园区文化中心发生特大火灾事故。大火持续6个小时，在救援过程中一名消防队员牺牲，6名消防队员和2名施工人员受伤。建筑物过火面积达8 490平方米，造成直接经济损失16 383万元。火灾由燃放烟花引起。

小贴士 烟花爆竹在我国有着悠久的历史。燃放时外面的纸壳被炸碎，带火的纸屑和未燃尽的焰火会四处飞溅并随风飘落，如果落到可燃物上，很容易引发火灾。因此，烟花爆竹从购买、储存到燃放都必须注意防火安全。

烟花爆竹一定要在指定的时间、指定的区域燃放。我国有些城市禁放烟花爆竹，目前在成都主城区和天府新区禁止燃放烟花爆竹。燃放者应遵守规定，按照要求去做，不在禁止燃放的时间和地区燃放。有些城镇没有明确规定禁止和限制燃放烟花爆竹，也应该自觉不在文物保护单位，车站、码头、飞机场等交通枢纽以及铁路线路安全保护区内，易燃易爆生产、储存单位，输变电设施安全保护区内，医疗机构、幼儿园、中小学校、敬老院，山林、草原等重点防火区域燃放烟花爆竹。应按照规定选择符合要求，且附近没有可燃物的户外空地燃放。不能在窗口、阳台、楼道、走廊、室内燃放烟花爆竹。

燃放高升式的爆竹要将其直立于地面，点燃后人立即避开；燃放升空的烟花爆竹要注意其落地情况，如落在可燃物上并仍有余火，应立即采取措施，将余火扑灭或将残片移走。升空类烟花不能对人、车辆或建筑物燃放；燃放中如果出现“死炮”“哑炮”等情况，不要马上检查，等待一段时间后再行处理。

少儿在燃放烟花爆竹时要有成年人监护。少儿不要单独燃放高空、中空以及爆炸威力大的烟花爆竹。燃放烟花爆竹时，成年人要参与、看管或指教，以防不测。买回家的烟花爆竹要妥善保管，不要靠近火源、热源、电源，防止自行燃烧、爆炸；要防止儿童拆开烟花爆竹，取出火药点燃酿成悲剧。在节假日允许燃放烟花爆竹期间，居民应关好门窗，及时清扫屋顶、阳台上的可燃杂物，避免被飞来的烟花爆竹引燃。

5. 谨防吸烟引起火灾

情境感悟 1987年5月大兴安岭森林火灾。此次大火共造成69.13亿元的惨重损失。事后查明，这次特大森林火灾最初的五个起火点中，有四处是人为引起，其中两处起火点是三名“烟民”的烟头引燃的。

吸烟可以造成多种致命疾病，同时也极易引发火灾。一支香烟即使是丢弃的烟头，其燃烧时间也在1～4分钟。烟头表面温度300 ℃～400 ℃，燃着的香烟中心温度可达700 ℃～800 ℃。而大多数可燃物的燃点都低于该温度，如纸张燃点为130 ℃、棉花燃点为210 ℃～255 ℃、天然橡胶燃点为129 ℃、木材燃点为250 ℃～300 ℃、麦草燃点为200 ℃、涤纶纤维燃点为390 ℃。烟头的中心温度是以上物质燃点的2～5倍。

小贴士 每一位同学都应该严守学生守则，不仅自己不吸烟，还要监督、说服家长在吸烟时切实注意安全。

(1)戒乱丢烟头。在吸烟引起的火灾中，60%以上是由于乱丢烟头造成的。吸烟者必须养成习惯，把烟头丢在烟缸内，丢在地上时一定要踩灭。

(2)戒卧床吸烟。睡在床上和躺在沙发上不能吸烟，特别是一些老年人、喝醉酒的人、疲劳过度的人，这些人往往烟未吸完，人已入睡，以致带火的烟头掉落下来，引起火灾。

(3)戒燃烟乱放。有的人把点燃的烟卷随手乱放，如放在窗台边上、床边柜上，人离开了烟未熄，结果引燃书本、图纸、窗帘等，引起火灾。

(4)戒衔烟做事。如果一边吸烟，一边打开办公桌抽屉寻找文件资料，或者在货架上取东西，未完全燃烧的烟灰掉落在抽屉里或货架上，就很可能会造成火灾。

(5)戒公共场所和危险场所吸烟。吸烟危害自己和他人的健康，在使用汽油、油漆(汽修专业学生特别应该引起注意)等环境下吸烟会导致火灾的发生。

(二)你知道家用电器防火知识吗?

家用电器种类很多，从其工作原理来看，大致可分为电热式(微波炉、电烤箱、热水器、电饭锅等)和非电热式(如电视机、摄像机、录音机、收音机、电冰箱、洗衣机、空调等)。一般来说，家用电器在购买安装使用中要做到：

(1)必须购买和使用合格产品，坚决杜绝“三无”伪劣产品。

(2)按照产品说明书安装使用。

(3)由电工设计、敷设用电线路。

(4)远离可燃物。电热式家用电器发生火灾的频率较高，主要原因是用户使用不当。

1. 电热式家用电器防火

(1)电热炉具防火。

情境感悟 2009年11月25日晚8时许，广东省江门市区一出租屋发生火灾，男住户下夜班回到住处后，插上电热炉烧水。还没等到水烧开，这名住户就在电热炉旁边的床上睡着了。不久，水烧干后导致电热炉过热着火。幸好这名住户被烟熏醒，及时冲出屋外通知邻居报警。

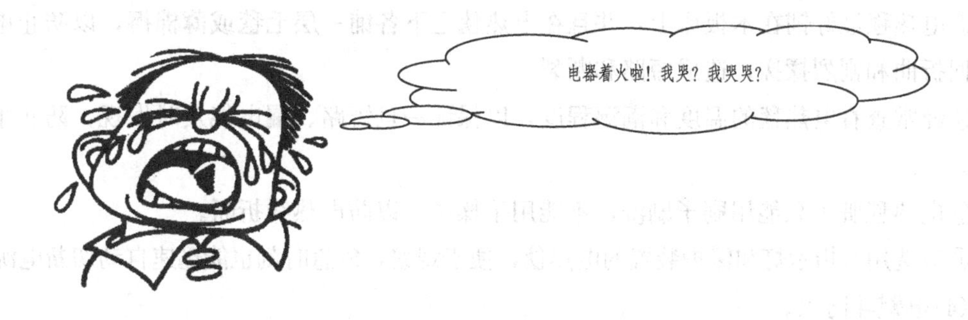

小贴士　电热炉火灾危险性极大，常见的着火原因如下。

①电源未及时切断，导致持续加热，点燃接触物品。

②电热炉具长期使用，绝缘器件长期受高温老化，绝缘强度降低，导致火灾。

③插头、插座、接头受潮或接触不良导致局部发热，温度过高起火等。

电热炉具在使用时一定要格外当心，应注意以下方面。

①电热炉具在使用时，其下方的台面必须为不可燃材料制作，附近特别是上方不得有可燃物品。

②注意电热炉具的功率，要和电路、插座等匹配，接插部分接触良好。

③定期进行检查。使用过程中，加强看护，做到人走电断。

(2)电热取暖器防火。

情境感悟　2012年1月7日，北京市东城区某居民院发生一起火灾，大火导致一间民房完全烧毁，隔壁两间房屋被殃及。大火中，一位年过七旬、瘫痪在床的老太太不幸遇难。火灾发生的原因是电热取暖器自燃。

小贴士　电热取暖器在使用中要注意以下方面。

①远离可燃物。

②注意电热器具的功率规格和配套。

③避免长期不间断开着电源。

④注意检查，防止绝缘破损。

(3)电热毯防火。

情境感悟　2012年2月6日下午，山东省阳谷县一名独居的老年人睡觉时，电热毯突然起火，老人腿脚不灵便，没有及时逃脱，不幸身亡。

小贴士　电热毯取暖方便、经济实用、用电量小，但使用不当往往会引发火灾事故。每年到了冬季，总会发生因使用电热毯不当引发的火灾。最常见的起火原因就是长时间通电，引起电热毯的棉布炭化燃烧而引发火灾。

电热毯使用的安全措施如下。

①选用正规厂家生产、高质量的电热毯，使用前应仔细阅读说明书。

②电热毯通电后，人不得远离，并注意观察有无异常情况，不用的时候一定要切断电源。

③电热毯最好铺在木板床上，并且在电热毯上下各铺一层毛毯或薄棉褥，以防止电热丝来回折曲和剧烈揉搓，造成短路和断裂。

④经常查看电热毯的温度和潮湿程度，以保证一旦短路、漏电能及时发现，防止事故发生。

⑤电热毯脏了只能用刷子刷洗，不能用手揉搓，以防电热线折断。

⑥应选用有指示灯和保护装置的电热毯，便于观察，危急时刻也能迅速自动切断电源。

(4)电熨斗防火。

情境感悟 2008年12月10日，浙江省台州温岭某小区一居民家曹某用温控电熨斗熨衣服，熨完后把电熨斗竖着放在沙发边上，电源插头没拔便出门买菜。不料电熨斗引着可燃物，家中着起大火。消防官兵们迅速赶到现场救援，经过半个小时的紧急扑救，才将大火扑灭。曹某说，平时她在家也是这样做，因为电熨斗到一定温度会自动跳闸，但不知道为什么这次没跳……

小贴士 试验结果表明，将一个500瓦电熨斗通电1小时，电熨斗的表面温度达600 ℃，温度大大超过了棉花、纸张、木制品等可燃物的燃点。如果不注意安全防火，麻痹大意，往往容易酿成火灾。拔下电源插头断电70多分钟后，电熨斗的表面温度仍为130 ℃，因此电熨斗断电后也不能放置在可燃物的上面。

使用电熨斗应该养成以下习惯。

①用后断电，等完全冷却后再收存起来。

②使用电熨斗时人不能离开。在熨衣物的间歇，要把电熨斗放在专用的电熨斗架上，切不可放在易燃的物品上。

③使用普通型电熨斗时切勿长时间通电，以防电熨斗过热，烫坏衣物，引起燃烧。

④防止电源插座受潮，并保证插头与插座接触紧密。

⑤不与其他大功率家用电器合用一个插座。

(5)微波炉防火。

情境感悟 2011年10月28日，天津市河北区王先生将抹布放进微波炉中消毒。但不到5分钟，微波炉里就冒出了黑烟和焦煳味。王先生赶忙打开炉门，发现抹布已蹿起火苗，险些引燃微波炉。

小贴士 使用微波炉前应详细阅读《微波炉使用手册》，严格按要求进行操作；微波炉的电源插座要与电源插头相匹配，并确保接地良好；微波炉应放在牢固可靠的平台上，且通风干燥，不能靠近煤气炉具、暖气片等热源，微波炉两侧及背面要留有空间用于散热，且周围不能有易燃易爆物品，微波炉的上面不要放置任何物品；微波炉中切勿使用金属和带金属边的器皿，以防加热时与之产生电火花并反射微波，既损伤炉体又可能导致事故发生；烧烤少量食物时，要多加观察，防止过热起火；加热纸包装食物时，应注意观察，小心纸包装起火；忌用微波炉油炸食品，以防油温过高发生飞溅导致火灾；用微波炉对口罩、毛巾、抹布等物品消毒时，要严加看护，防止过热起火；如果炉内食物或物品着火，切勿打开炉门，应立即停止微波炉工作，或拔掉电源插头，待炉腔内火焰熄灭后再开门清理；禁止使用强力洗涤剂、香蕉水、汽油、去污粉及金属刷等清洁微波炉的外表面和炉腔内部，也不要用水擦洗微波炉内的脏污，以防受潮出现打火现象，一旦微波炉出现打火现象，需请专业人员进行维修。

2. 非电热式家用电器防火

(1)电视机防火。

情境感悟 2012年3月13日凌晨，北京市昌平区某村两位老人正在熟睡时，隔壁房间的电视机半夜爆炸起火。第二天发现，摆放电视机的位置上只剩下空架子，地上到处是残骸，DVD播放机、手机、座机、挂式空调等全被烤得变了形。

小贴士 有效地预防和避免电视机火灾，一是要做好防尘、防潮，保证通风良好。二是使用完后要及时拔下电源插头，彻底断开电源，防止长时间通电，以免因热能不断积聚，造成各元件之间绝缘性能差而发生短路，引发火灾；或因电压不稳、电阻过热，变压器冒烟起火等。三是室外天线和共用天线要有良好的避雷装置，雷雨天尽量不要使用。

(2)洗衣机防火。

情境感悟 2012年1月4日，湖北省鹤峰县龚某在使用洗衣机时，机内突然起火，洗衣机烧毁，殃及卫生间内的浴霸及吊顶装饰，直接经济损失2 000多元。

小贴士 洗衣机起火的原因如下。

①超负荷使用洗衣机，使电动机持续发热达到一定温度，烤焦电动机皮线或传动带，导致起火。

②使用极易挥发的汽油、酒精、香蕉水等易燃品洗衣物上的斑渍，这些易燃品在高速旋转的水缸中与空气充分混合，形成一定浓度的混合气体，碰到洗衣机部件运转摩擦产生的静电火花，便可能导致洗衣机爆炸起火。

③蒸汽、冷凝水或者起泡外溢的碱水，导致电气系统绝缘性能降低，引起短路或击穿起火；洗衣机若一次投入衣物过多，或波轮被绳、钥匙、发卡等小物件卡住，都会使电动

机负荷过大，导致电动机线圈通过的电流迅速增大，线圈过热而发生短路起火。

预防洗衣机起火的措施如下。

①将洗衣机放在通风散热的地方，周围不要有可燃物，沾上了易燃品的衣物应先让易燃物挥发掉，再进洗衣机洗涤。

②使用洗衣机时，不要离人，一旦电动机被卡住，要迅速切断电源，及时做好检查，以防漏电、短路起火。

③不要超负荷使用。

④洗衣机应配备专线插座，不用时要切断电源。

(3)电冰箱防火。

情境感悟 2009年9月1日凌晨1时05分，广东省高州市消防中队接到报警，位于茂名市高州市红绿大转盘处一幢居民楼三楼居民室内突然起火，浓烟滚滚。高州市消防中队接到火警后，迅速出动2台消防车和12名消防官兵赶赴现场，实施扑救。到达现场后，消防中队指挥员立即侦查现场，发现三楼发生火灾的室内的结构情况比较复杂，人员一靠近就有刺鼻的浓烟袭来，使人喘不过气。之后了解情况，原来是电冰箱着火了。

小贴士 预防电冰箱起火，必须做到以下几点。

①电冰箱的周围要保持干燥通风，新买来的电冰箱使用时，要抽掉下面的包装材料。

②电冰箱的电源线插头与插座间的连接要紧密，接地线的安装要符合要求。

③电冰箱的电源线要避免与压缩机、冷凝器接触，以防烤坏电源线造成漏电或短路。

④电冰箱工作时，不要连续切断和接通电源，电冰箱断电后，至少要5分钟后再重新启动。

⑤不要用水冲洗电冰箱，防止温控电气开关进水受潮。

(4)空调防火。

情境感悟 2011年8月16日凌晨，重庆市南坪某小区一居民楼某住户的空调因连续5天开机，电路过热引发短路着火。

小贴士 安全使用空调应做到以下几点。

①请专业人员安装空调。

②空调要安装在距窗帘较远的地方，要用阻燃织物做窗帘，不要在空调附近放置可燃物品。

③使用电热型空调制热，关机时须切断电源部分的电源，需要冷却的要严格按照说明书操作，冷却后方可关机。

④不要短时间内连续开机、关机，当停电或拔掉电源插头后，一定要将选择开关置于“停”的位置，待下次使用时，重新按启动步骤操作。

⑤空调使用中若有异味或冒烟等异常情况，应立即停机，请售后维修服务人员进行检查，问题排除后经试机正常方可继续使用。

(5)电风扇防火。

情境感悟 2011年8月10日上午，广西壮族自治区贵港市贵糖子弟学校高三(2)班的学生正在上课时，教室天花板上的一台电风扇突然起火，幸亏很快被扑灭，没有造成人员伤亡。

小贴士 电风扇在使用前，要检查电源电压是否符合使用要求、电源线及插座接触是否良好、电扇接头端是否松动等，检查完毕进行试运转，一切正常方可使用；电风扇转速若自行减慢，说明有故障，应立即停机检查，若有异常要及时修理，不能“带病”运转；使用电风扇要注意防晒、防潮、防尘，不要把电风扇放在靠近窗口的地方，一方面免得雨水淋湿造成漏电，另一方面防止太阳暴晒致使外壳老化，甚至造成绝缘损坏。要经常向油孔里注射润滑油，避免传动部位因缺少润滑油剂而造成电动机升温，致使温度过高引发火灾。

(6)电脑防火。

情境感悟 2005年10月14日，河北省石家庄市某集团有限公司值班室的一台电脑因显示器过热引发重大火灾，造成直接财产损失86.8万元。

小贴士 防范电脑起火的要点如下。

①个人配置须选质量高、信誉好的商家，以避免组装时将内存、CPU超频，违规提升电脑配件的性能，造成先天隐患，“小牛拉大车”，长期超负荷运行。

②电脑周围勿堆放书本、杂志等可燃物，在通风不良的环境下，机箱和显示器产生大量的热量，遇周围可燃物可能引发火灾。

③不要购买质量低劣的电源插座或与电脑的插头不匹配的插座，防止接触不良出现打火、电源线路负载低、老化等。

(7)饮水机防火。

情境感悟 2010年3月9日，浙江省杭州市某小区301室住户饮水机着火，烟雾弥漫，幸亏消防队员及时赶到，破门而入将火灾扑灭。

小贴士 防止饮水机使用不当引发火灾的要点如下。

①购买饮水机时要选择具有产品合格证的正规厂家的产品。

②饮水机使用的插座、电源线都要符合规定要求，并安装漏电保护器。

③离家外出家中无人时，要将饮水机电源插头拔掉或将电源开关关掉，这样既安全又省电。

④在使用饮水机时，若发现有异常气味或噪声，应立即断开电源，及时维修以保安全。

(8)多用插座不能同时多用。

市场上销售的多用插座种类繁多，有的消费者为了使用方便，购买时喜欢挑选多种插孔、多种功能的，但这样恰恰走进了使用的误区。这样使用是很危险的。因为在同一个多用插座上同时使用多种电器，势必造成瞬间电流加大，使电线因超负荷而发热，严重时会引起火灾。要知道，一个电器元件只有在额定电压、额定电流、额定功率的情况下，才能正常运转。如果负荷过大或严重超载，就会使元件使用寿命缩短或破坏，造成断路、短路、熔化，有的甚至能引起火灾或触电事故等，严重危害人们的生命和财产安全。

小贴士 多用插座并非一个插座可以多个插头同时使用，它的多用是指能满足不同插头的使用而不是同一时间共同使用。所以多用插座的正确使用方法是，按照该产品铭牌上额定电常数规定，插座容量与用电负荷相适应，切忌一次插接多个插头同时使用。

3. 家用电器防雷

［危害分析］

虽然一次雷电的放电时间只有0.01秒左右，但瞬间所造成的危害性却很大。

［专家提示］

(1)家用电视机的室外天线进入室内之前，必须接好避雷器。设避雷器的天线要确保可靠，同时，天线应距避雷针10米以外。

(2)雷雨时一定要关好门窗，防止球形雷进入屋内。

(3)雷雨天气不要收看电视，并要切断电视等电器的电源。

4. 照明灯具的防火

情境感悟 2004年12月20日1时许，福建省漳州龙海市一幢三层砖木结构楼房发生火灾，造成祖孙三代四人死亡。这起火灾是由于白炽灯引燃周围可燃物所致。

小贴士 家用照明灯具主要是白炽灯和日光灯。白炽灯又称钨丝灯泡，其灯丝温度可高达2 000 ℃～3 000 ℃，如果散热条件不好，灯泡表面温度会增高，当电压超过灯泡所能承受的电压，或灯泡的玻璃壳受热不均，或水滴溅在灯泡上时，都能引起玻璃壳的破碎，引燃周围可燃物；灯头接触不良或灯头的玻璃壳松动时，拧动灯头的导线引起短路，也会起火造成事故。因此，使用灯具照明时要谨防以上类似事件发生。

(三)你知道家庭用气安全常识吗?

我国城市大多数家庭使用燃气作为炊事、取暖、热水器的燃料，在农村，燃气也在日益推广之中。燃气以其使用方便、燃烧干净、热效率高、节省时间等优良特性，越来越受到人们的喜爱和青睐。但是，由于家用燃气具有易燃、易爆、毒害等性质，如果不能正确使用，就会给家庭和社会带来灾难。

情境感悟 2011年4月11日，北京市朝阳区和平东街一处居民家中泄漏的天然气达到爆炸极限后，被点火源引燃发生燃气泄漏爆燃事故，造成周边6户房屋整体坍塌、多户房屋局部严重受损，5名居民和1名过路人员死亡、1人受伤。

小贴士 根据气源种类不同，居民生活用户的燃气供应可分为管道供应和瓶装供应两种方式。

1. 管道燃气的安全使用

以煤制气、油制气和天然气为主要气源，由管道将燃气输送到用户，称为燃气管道供应方式。这种方式在我国现有燃气设施的城镇中占有相当大的比例。

(1)灶具要与供气管道保持一定距离。管道供气管入户后有一个总阀，厨房有一个小阀门，平时用完火后将开关扳到关闭位置，外出时要关好小阀门和总阀门，防止燃气泄漏。

(2)烹调时，厨房内应随时有人，避免汤水溢出熄灭炉火导致管道燃气泄漏。灶前橡皮管不得高出灶面，以防被炉火点燃，喷出火焰而发生火灾。灶具设置必须避开风口，灶具周围切勿放置易燃物品及其他杂物，防止炉火引燃发生火灾。卫生间内使用燃气热水器时，必须开有进风排风口，防止卫生间因缺氧致人窒息。

(3)不得擅自改装管道，更不能将管道封埋在墙里，不得使液化石油气管道经过大厅、卧室，需要改装管道时必须由专业人员施工。不准在液化石油气管道上悬挂杂物，或受到其他物件顶、压，更不能敲打供气管道，以免接口松动漏气。

2. 瓶装液化石油气的安全使用

(1)液化石油气钢瓶和灶具不与电炉、煤炉等一起使用。

(2)液化石油气钢瓶要直立放置，不得卧放；钢瓶与灶具要保持一定距离，灶具与钢瓶要用专用耐油橡皮管连接，长度不应超过两米，两端接口要扎牢。液化石油气瓶不得接触明火和高温，当出气量少时，严禁对钢瓶用明火烘烤或浇洒热水，以免钢瓶发生爆炸。

(3)换瓶时，先关好灶具开关，拧紧钢瓶阀门，卸下接管。接气时，要拧紧管口，打开钢瓶阀门，使用前最好用肥皂水或洗洁精水检查是否有漏气，不漏气方可使用。

3. 燃气泄漏的正确处理方法

燃气火灾的发生、发展都很快，一定要抓紧时间处理。

人进入厨房后，如果闻到很重的燃气味，就说明很可能发生了漏气。一旦发生燃气泄漏，切不要惊慌，千万不要触动家里的任何电源、电器开关，更不能用打火机、火柴、手电筒等照明检查，也不能在家里打电话报警，应迅速关闭总阀门，推开家里所有门窗，让外面的自然风吹进来。如果阀门关不了，将门、窗打开通风后，让家人全部离开室内，到安全的地方拨打火警电话报警。同时通知周围邻居，并及时通知供气单位来处理。

4. 农村沼气的安全使用

(1)检查新建沼气池时，应用输气管将沼气引到炉具上试验，严禁在导气管上直接点火试验。

(2)池内如果出现负压，则要暂时停止点火用气，等到出现正压后再使用。

(3)沼气灯、炉具不能靠近易燃物品。

(4)在使用沼气灯、炉具时，应遵守“火等气”的点火原则。

(5)每次用完气后，要把开关扭紧，以防沼气在室内泄漏扩散。

(6)要经常检查输气管和开关有无漏气现象。

(7)使用沼气的房屋要保持空气流通，如进入室内，闻到较浓的臭鸡蛋味(沼气中的硫化氢气味)，应立即打开门窗，排出沼气。

(四)你知道日用危险品的储存和使用方法吗?

日用危险品是指在日常生活中常用的具有爆炸性、易燃性、毒害性、腐蚀性、放射性的物品，如香水、摩丝、灭蚊剂、指甲油、丁烷打火机等。由于日用危险品多由易燃的化学品制成，具有易燃易爆的特点，火灾危险性和危害性都很大，因此必须注意安全储存、使用。

情境感悟 2015 年 6 月 21 日，陕西省洛南县四皓街道办事处杨底村一村民家中突然起火，火灾导致一对 3 岁双胞胎窒息身亡，事发时家中并无大人。附近村民发现火情后纷纷赶来救火。经消防部门调查，火灾原因极有可能是由孩子玩打火机引起。

1997 年 11 月 28 日，河南省周口店市一居民因把夏季没有用完的灭蚊剂瓶放置在暖气片上，暖气管网送热后灭蚊剂瓶发生爆裂，爆裂泄漏出来的易燃灭蚊剂恰遇正在燃烧的炉灶明火而引发火灾，室内所有家具、家电都被大火吞没，直接经济损失就达 6 万余元。

日用危险品的火灾危险性如下。

(1)花露水。花露水由酒精、色素、香精和水配制而成，酒精含量高达 70%以上，是一种极易燃烧的日用危险品，在使用中稍有不慎就易导致火灾事故的发生。

(2)摩丝。摩丝又称定发水，主要由树脂、酒精、丙烷和丁烷等配制而成，是一种易燃日用危险品。

(3)气体打火机。气体打火机给人们的生活带来了很大的方便，但由于气体打火机内充装的是易燃且加压、液化的丁烷气体，因此火灾危险性很大。

(4)灭蚊剂。灭蚊剂是由极易挥发的易燃液体、气体和杀虫剂配制而成的，极易燃烧，其蒸汽与空气可形成爆炸性混合物，使用中稍有不慎就会导致着火或爆炸的发生。

小贴士 为防止日用危险品在储存和使用中发生着火和爆炸事故，在使用时应当注意以下几点。

(1)选购时要认真检查产品是否合格，慎防假冒伪劣产品。对打火机、摩丝、灭蚊剂、空气清新剂等具有压缩性的日用危险品，在使用时要注意避免摔砸、碰撞、挤压，以防止容器破损出现泄漏，引起爆炸伤人。要把其放置在阴凉通风的干燥处和儿童看不见、拿不到的地方，不可靠近热源和火源，防止太阳暴晒，更不要使用热水、火源或其他方式对日用危险品进行加热使用。

(2)家庭中一时不用的日用危险品不要放置在居室内，可存放在储藏室内，以防止因管理不慎而引发火灾。

(3)在使用花露水、香水、灭蚊剂、染发水、摩丝等易燃液体、蒸汽型的日用危险品时，要远离火源、电源。如需用电吹风时，要在使用后的 3～5 分钟进行，以使其中的易燃性液体、蒸汽得到挥发和扩散，防止遇火源而起火或爆燃。

(五)你能做到家庭消防安全检查吗?

以下 20 个项目是针对家庭中经常出现的消防安全方面的问题编制的，中小学生可以利用自己掌握的消防知识，督促、帮助家长定期进行检查，发现问题后及时改进，确保自家消防安全。

(1)家中电线有无老化、破损现象?

(2)电气线路有无超负荷使用情况?

(3)电气线路上的插头、插座是否牢靠?

(4)家中所用保险丝是否有铜丝、铁丝代替现象?

(5)是否按使用说明书正确使用家用电器？

(6)家用电器出现故障后是否仍“带病”工作？

(7)照明灯具是否离可燃物太近？

(8)楼梯、走廊、阳台是否存放易燃、可燃物？

(9)家中是否存放超过0.5千克的汽油、酒精等易燃易爆物品？在使用汽油等易燃易爆物品时是否远离明火、通风良好？

(10)是否在家从事易燃易爆物品的生产、加工、经营活动？

(11)易燃物品是否远离火炉、燃气炉灶？

(12)炉灰在倾倒之前是否完全熄灭？

(13)是否用汽油等易燃液体帮助生火？

(14)炉火与燃气炉灶是否同室使用？

(15)燃气管道安装是否牢固、软管是否老化？燃气管道、阀门处是否漏气？燃气炉灶处是否通风良好？

(16)家庭装修材料是否使用难燃、不燃材料？

(17)家中的废纸、书报是否经常清理？

(18)火柴、打火机等物品是否放在儿童不易取到的地方？

(19)在每日就寝前或离开住所前，是否拔掉电源开关？是否熄灭香烛等明火？是否关掉燃气炉灶的气源开关等？

(20)家中是否配置了简易灭火器具？是否制定了火灾逃生预案？

(六)你知道家庭应配备哪些消防器材吗？

2010年11月15日，上海市静安区胶州路高层教师公寓发生火灾，大火造成58人死亡，70余人受伤。由此，高层住宅消防安全受到百姓的普遍关注。当年12月8日，公安部消防局出台文件，向百姓推荐手提式灭火器、灭火毯、消防过滤式自救呼吸器、救生缓降器和具有声光报警功能的强光手电五种家用消防器材，并鼓励居民配置。

(1)手提式灭火器：宜选用手提式ABC类干粉灭火器，配置在便于取用的地方，用于扑救家庭初起火灾。注意防止被水浸渍和受潮生锈。

(2)灭火毯：由玻璃纤维等材料经过特殊处理编织而成的织物，能起到隔离热源及火焰的作用，可用于扑灭油锅火或者披覆在身上逃生。

(3)消防过滤式自救呼吸器：防止火场有毒气体侵入呼吸道的个人防护用品，由防护头罩、过滤装置和面罩组成，可用于火场浓烟环境下的逃生自救。

(4)救生缓降器：供人员随绳索靠自重从高处缓慢下降的紧急逃生装置，主要由绳索、安全带、安全钩、绳索卷盘等组成，可反复使用。

(5)强光手电：具有声光报警、火灾应急照明和紧急呼救功能，可用于火场浓烟以及黑暗环境下人员疏散照明和发出声光呼救信号。

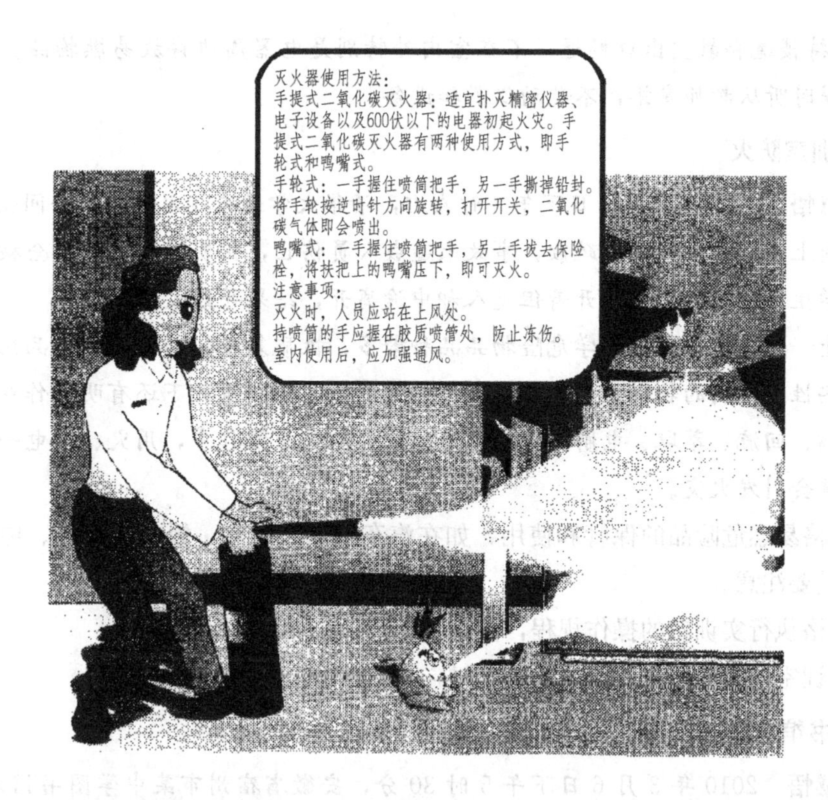

可根据家庭成员数量、建筑安全疏散条件等状况适量选购上述或者其他消防器材，并仔细阅读使用说明，熟练掌握使用方法。上述器材均可在消防器材商店选购。选购手提式灭火器、消防过滤式自救呼吸器、救生缓降器时，可先从中国消防产品信息网上查询拟购器材的市场准入信息，以防购买假冒伪劣产品。

(七)你知道如何做好校园防火吗?

学校的教室、实验室、图书馆、宿舍楼是学生经常活动的场所，也是火灾危险性大、易造成人员伤亡的场所，所以每一名同学都应该掌握必要的防火、灭火常识和逃生技能，严防火灾的发生。

1. 教室防火

情境感悟 2001 年 8 月 22 日下午，某校李某在打扫完教室后，坐在后排吸烟，然后将烟头随手向后一扔，引燃了在门后堆放的杂物，引起大火，大火烧毁三间大教室，价值数万余元。

小贴示

(1)学生要自觉遵守学校消防安全规定，增强防火安全意识，不携带打火机、火柴等火种和烟花爆竹等易燃物品进入校园，不玩火、不吸烟。

(2)保持楼道和教室出口畅通，不在室内外特别是电器周边存放易燃物品。在带电操作教室上课时听从教师安排，不乱动仪器和设备。

2. 实训室防火

情境感悟 2008年6月6日下午3时左右，清华大学逸夫技术科学楼一间化学实验室失火，楼内上百名师生被紧急疏散，事故未造成人员伤亡，但实验室内物品全被烧毁。火灾原因是学生做实验时，仪器开着但是人却中途离开，结果导致火灾发生。

小贴士 化学实验室的化学危险物品品种繁多，性质复杂，易燃易爆物品比较多，甚至还有一些性质不明的物料。大量使用各类电气设备，个别情况下还有明火作业，在一些常见的蒸馏、回流、萃取、电解等火灾危险性较大的作业操作中，用火、用电一旦发生操作失误，就会引发火灾。

(1)严格易燃危险品的保管和使用，如在汽车喷涂实训室、钣金实训室、电子实训室上课时尤其要注意。

(2)严格执行实训室的操作规程，做到“安全第一，规范操作”。

(3)实训室应配备相应种类的灭火器材，并确保每个人都会用。

3. 图书馆防火

情境感悟 2010年3月6日下午5时30分，安徽省宿州市某中学图书馆发生火灾，四间彩钢板搭建的房屋被烧毁，数万册图书被毁。

图书馆存书多，人员流动性大，用电设备多，起火后蔓延途径多，速度快，因此是学校防火的重中之重。

小贴示

(1)控制一切用火，不准将火种带入。严禁在图书馆内吸烟。

(2)禁止在馆内存放各种易燃易爆物品。

(3)配备充足的灭火器材，及时清理馆内各种废杂物，确保安全出口畅通。

4. 学生宿舍防火

情境感悟 2008年5月5日，中央民族大学28号楼6层S0 601女生宿舍发生火灾，楼内弥漫浓烟，6层的能见度不足10米。着火宿舍楼可容纳学生3 000余人，火灾发生时大部分学生都在楼内，所幸消防员及时赶到，千名学生被紧急疏散，没有造成人员伤亡。宿舍最初起火部位为物品摆放架上的接线板，当时该接线板插着两台可充电台灯，以及引出的另一接线板。因用电器插头连接不规范，且长时间充电造成电器线路发生短路，火花引燃附近的布帘等可燃物，蔓延向上造成火灾。事发后校方在该宿舍楼检查，发现1 300余件违规使用的电器，其中最易引发火灾的“热得快”有30件。

小贴士 学生的不安全行为导致的隐患如下。

(1)私接乱拉电线，使用大功率电器，使用劣质电器设备。

(2)擅自使用煤油炉、酒精炉、“热得快”等可能引起火灾的器具。

(3)在蚊帐内点蜡烛看书。

(4)卧床吸烟。

(5)手机、平板电脑、充电宝等放在床上长时间充电。

(6)台灯靠近易燃物。

同学们在宿舍要自律，自觉遵守学校的消防安全规定，安全用电，杜绝违章用火。

二、头脑风暴

1. 通过对本节内容的学习，你认为火灾最易发生的因素有哪些？

2. 请你检查一下，你家里、你的校园里有哪些火灾安全隐患？请把它们罗列出来。

3. 给父母建议，应如何做好家庭防火工作？

4. 如果你在炒菜，油锅突然起火了该怎么办？

三、评价与考核

评价方式	自我评价	相互评价	小组评价	教师评价
评价内容				
备注：根据项目开展需要选择评价方式				

第三节 火灾现场逃生与自救

导 读

2005年6月，北京“蓝极速”网吧发生火灾，造成25人死亡，12人受伤；2000年12月25日，洛阳东都歌舞厅发生大火，死亡309人；1994年11月27日，辽宁省阜新艺苑歌舞厅大火，死亡233人。据统计，近年来，我国每年因火灾死亡、受伤的人数达上千人。

人，最宝贵的是生命。一场大火突然降临，在众多被火势围困的人员中，有的人不知所措；有的人慌不择路，跳楼丧生或造成终身残疾；也有的人化险为夷，死里逃生。这固然与起火时间、地点，火势大小，建筑物内消防设施和周围环境等因素有关，但还要看被火围困的人员在灾难降临时是否具备逃生自救的本领。如果我们努力提高消防安全意识，学习和掌握火场逃生自救知识，就可以临危不惧，幸免于难。

一、知识探究

(一)你知道如何报火警吗?

情境感悟 2009年12月8日，广州某饭店发生火灾，火灾造成直接经济损失145万元，18人丧生。据调查，在起火20分钟后饭店的工作人员才想起拨打“119”火警电话报警，消防队在接到报警几分钟后就赶到了火场，而此时饭店已经火光冲天，火势无法控制。

小贴士 中小学生发现火灾，应该首先告知大人或教师，请大人报警和救火。在没有大人的情况下，再自己报警。

(1)牢记火警电话“119”。

(2)报警时要讲清着火单位、所在区(县)、街道、胡同、门牌或乡村地址。

(3)说明是什么东西着火，火势怎样。

(4)讲清报警人姓名、电话号码和住址。

(5)报警后要安排人到街道口等候消防车，指引消防车去火场的道路。

(6)遇有火情，不要围观。有的同学出于好奇，喜欢围观消防车，这既有碍于消防人员工作，也不利于同学们的安全。

(7)没有电话或没有消防队的地方，如农村和偏远山区，可以打锣敲钟、吹哨、喊话向四周报警，动员乡邻一起来灭火。

在学校、影剧院等公共场所，如果火势一时还不会造成较大的危害，不要大声乱喊，以免造成慌乱，应设法向教师或者有关工作人员报告。

《中华人民共和国消防法》规定：公安消防队扑救火灾，不得向发生火灾的单位、个人收取任何费用。假报火警是扰乱公共秩序、妨碍公共安全的违法行为。如发现有人假报火警，要加以制止。

(二)火灾人们逃生时有哪些错误行为?

情境感悟 2000年12月25日，洛阳东都歌舞厅发生大火，死亡309人。当救援的第一批消防队员破门进入歌舞厅时，发现有的人坐在沙发上，有的人趴在地上，毫发未损，以为他们还活着。上前一看才发现，这些人七窍流血，已经由于吸入过量有毒烟气窒息而死。就在这面积不大的地方，倒下了200余人，惨不忍睹。有2名幸存者在情急之下跑进厕所，紧闭厕所门，堵住了浓烟侵入，最终获救。有4名幸存者发现着火后，迅速躲进一间KTV包房，拽掉墙上的空调管子，户外的新鲜空气通过空调安装孔进入室内，遇险人员得以幸存。有几十人打破窗户呼叫救援，最后被消防员通过救生绳和消防云梯救出。

小贴士 这个案例告诉我们掌握一定的火场逃生技巧，可以在关键时刻保住性命。在火灾逃生中，错误的行为可能会带来终生遗憾。火场逃生中的常见错误行为有以下几种。

1. 原路脱险

这是人们最常见的火灾逃生行为模式。因为大多数建筑物内部的平面布置、道路出口一般不为人们所熟悉，一旦发生火灾，人们总是习惯沿着进来的出入口和楼道进行逃生，当发现此路被封死时，才被迫去寻找其他出入口。殊不知，此时已失去最佳逃生时间。因此，当我们进入一个新的大楼或宾馆时，一定要对周围的环境和出入口进行必要的了解与熟悉。多想万一，以备不测。

2. 向光朝亮

这是在紧急危险情况下，由于人的本能、生理、心理所决定，人们总是向着有光、明亮的方向逃生。这时的火场中，90%的可能是电源已被切断或已造成短路、跳闸等，光和亮之地正是火魔肆无忌惮地逞威之处。

3. 盲目追随

当人的生命突然面临危险状态时，极易因惊慌失措而失去正常的判断思维能力，当听到或看到有什么人在前面跑动时，第一反应就是盲目紧紧地追随其后。常见的盲目追随行为模式有跳窗、跳楼，逃(躲)进厕所、浴室、门角等。只要前面有人带头，追随者也会毫不犹豫地跟随其后。克服盲目追随的方法是平时要多了解与掌握一定的消防自救与逃生知识，避免事到临头没有主见而随波逐流。

4. 自高向下

当高楼大厦发生火灾，特别是高层建筑一旦失火，人们总是习惯性地认为火是从下面往上着的，越高越危险，越下越安全，只有尽快逃到一层，跑出室外，才有生的希望。殊不知，这时的下层可能是一片火海，盲目地朝楼下逃生，无疑是自投火海。随着消防装备现代化的不断提高，在发生火灾时，有条件的可登上房顶或在房间内采取有效的防烟、防火措施后等待救援也不失为明智之举。

5. 冒险跳楼

人们在开始发现火灾时，会立即做出第一反应。这时的反应大多还是比较理智的分析与判断。但是，当选择的路线逃生失败发现判断失误而逃生之路又被大火封死，火势越来越大，烟雾越来越浓时，人们就很容易失去理智。此时的人们也不要跳楼、跳窗等，而应另谋生路，万万不可盲目采取冒险行为。

6. 抢救财物

在火灾突然降临时，有些人往往很难克服贪财爱物之心，失火后首先考虑抢救东西的比较多，造成一些本可避免的伤亡。水火无情，火灾能给我们的逃生时间是很有限的，要抓紧一切时间逃生，切不可贪恋财物。

(三)你知道火场自救方法吗?

情境感悟 1993年4月17日，哈尔滨市道里区发生一场特大火灾。大火吞噬了五条街，烧死烧伤几十人，其中一受灾户，全家五口全部丧生。但是住在六楼的几户居民在整幢大楼烈火熊熊的情况下，却奇迹般地生存下来，连家具都保存下来了，原来当大火袭来已无法从火海中冲出去的时候，这几户居民没有惊慌失措，而是立即行动起来，先把阳台上堆放的木架和杂物扔掉，同时往阳台上泼水。接着，他们紧闭门窗，将家中的被褥、毯子、棉衣裤等用水浸湿，蒙在门窗上，并不断往地上、床上和屋内所有可燃物上泼水，始终没有让烈焰烧进屋内，尽管整座大楼烈火熊熊，烧成了空壳，但这几户人家都幸存下来了，半夜的时候，火势减弱，他们开门打开手电筒向外发出求救信号，最后被消防战士发现并得救。

小贴士 火灾发生时，当大火威胁着在场人员生命安全时，保护好自己，迅速逃离危险成为人的第一需要。火场上怎样才能迅速逃离危险区域？自救是常用的逃生方法，在实施自救行动之前，一定要强制自己保持头脑冷静，根据周围环境和各种自然条件，选择自救的方式。

1. 熟悉所处环境

了解我们经常或临时所处建筑物的消防安全环境是十分必要的。作为中学生要熟悉学校和家庭的逃生计划，熟知和掌握确定的逃生出口、路线和方法，并在学校教师和家长的带领下进行必要的逃生训练和演练。一旦发生火灾，按逃生方法、路线和出口顺利逃出危险地区。

当跟随家长旅游住进宾馆、饭店以及外出购物走进商场或到影剧院等不熟悉的环境时，应留心观察安全出口的位置，以及灭火器、消火栓、报警按钮的位置，以便遇到火警时能及时逃生或进行初起火灾灭火，并在被围困的情况下及时向外面报警求救。对所处环境的了解是非常必要的，只有养成这样的好习惯，才能有备无患，处险不惊。

2. 立即离开危险地区

一旦在火场上发现或意识到自己可能被烟火围困，生命受到威胁时，要立即设法脱险，切不可延误逃生良机。脱险时，应尽量仔细观察，判明火势情况，明确自己所处环境及危险程度，以便采取相应的逃生措施和方法。

3. 选择简便、安全的通道和疏散设施

应根据火势情况，优先选择最简便、最安全的通道和疏散设施。如楼房着火，首先选择安全疏散楼梯、室外疏散楼梯、普通楼梯等。

如果以上通道被烟火封锁，又无其他器材救生时，可考虑利用建筑的阳台、窗口、屋顶、落水管等脱险。但应注意查看落水管是否牢固，防止人体攀附上以后断裂脱落造成伤亡。

4. 准备简易防护器材

逃生人员多数要经过充满烟雾的路线，才能离开危险区域。如果浓烟呛得人透不过气来，可用湿毛巾捂住口鼻，无水时干毛巾也可以。使用毛巾捂住口鼻时，一定要将口鼻捂严。在穿过烟雾区时，即使感到呼吸困难，也不能将毛巾从口鼻上拿开，因为拿开时，就有立即中毒的危险。烟雾弥漫中，一般离地面 30 厘米仍有残存空气可以利用，可采取低姿势逃生，爬行时将手心、手肘、膝盖紧靠地面，并沿墙壁边缘逃生，以免错失方向。

如果门窗、通道、楼梯等已被烟火封锁，可向头部、身上浇些冷水或用湿毛巾等将头部包好，用湿棉被、湿毯子将身体裹好，再冲出危险区。当衣物着火时，最好脱下或就地卧倒，用手覆盖住脸部并翻滚压熄火焰，或跳入就近的水池，将火熄灭。火场逃生过程中，要一路关闭所有你背后的门，它能降低火和浓烟的蔓延速度。

5. 创造避难场所

在各种通道被切断，火势较大，一时又无人救援的情况下，应关紧迎火的门窗，打开背火的门窗，但不能打碎玻璃。若窗外有烟进来，还要关上窗户。如门窗缝隙或其他孔洞有烟进来，应该用湿毛巾、湿床单、湿棉被等难燃或不燃的物品封堵，并不断向物品上和门窗上洒水，最后向地面洒水，并淋湿房间的一切可燃物。要运用一切手段和措施与火搏斗，直到消防队到来，救助脱险。

避难间及避难场所是为救生而开辟的临时性避难的地方。因火场情况不断发展，避难场所也不会永远绝对安全。所以不要在有可能疏散的条件下不疏散而创造避难间避难，从而失去逃生的机会。

避难间最好选择在有水源和能同外界联系的房间。一方面有水源能进行降温、灭火、消烟，以利避难人员生存。另一方面能与外界联系及时获救，如房间有电话应及时报警；如无电话，可用挥舞衣物、呼叫等方式向窗外发出求救信号，等待救援。夜间要打开电灯、手电筒等向外报警。

(四)火场逃生要注意什么?

每次火灾都有各自不同的特点，下面仅就一般的火灾事故中所要求的注意事项进行介绍。

(1)火场逃生要迅速，动作越快越好，千万不要为了穿衣或寻找贵重物品而延误时间，要树立时间就是生命，逃生第一的思想。

(2)逃生时要注意随手关闭通道上的门窗，以阻止和延缓烟雾向逃离的通道蔓延。通过浓烟区时要尽可能以最低姿势或匍匐姿势快速前进，并用湿毛巾捂住口鼻。不要向狭窄的角落退避，如床下、墙角、大衣柜里等。

(3)如果身上衣服着火，应迅速将衣服脱下或就地翻滚，将火扑灭。但应注意不要滚动过快，更不要身穿着火衣服乱跑，如附近有水池、池塘等，可迅速跳入水中。如人体已被烧伤时，应注意不要跳入污水中，以防感染。

(4)火场中不要轻易乘坐普通电梯。这个道理很简单：其一，发生火灾后，往往容易断电而造成电梯中途停止，给救援工作增加难度；其二，电梯口通向大楼各层，火场上烟气涌入电梯通道极易形成烟囱效应，人在电梯里随时会被浓烟毒气熏呛而窒息。

(5)当你所处的环境突然发生火灾时，一定要保持镇定，切不可惊慌失措，不要盲目地起身逃跑或纵身跳楼。要了解自己所处的环境位置，及时地掌握当时火势的大小和蔓延方向，然后根据情况选择逃生方法和逃生路线。

(6)不要盲目呼喊。由于现代建筑物室内使用了大量的木材、塑料、化学纤维等易燃可燃材料装修，且装修材料表面常用漆类粉刷，燃烧时会散发出大量的烟雾和有毒气体，容易造成毒气窒息死亡。所以，在逃生时，应用湿毛巾折叠捂住鼻口，屏住呼吸，起到过滤烟雾的作用，不到紧急时刻不要大声呼叫或移开毛巾，且须采取匍匐式前进逃离方式(贴近地面的空气中一般多氧气、少烟雾)。

(7)火场中千万不可随意奔跑，否则不仅容易引火烧身，而且会引起新的燃烧点，造成火势蔓延。

(8)应从高处向低处逃生，逃生时应从高楼层处向低楼层处逃生，因为火势是向上燃烧的，火焰会自下而上地烧到楼顶。经过装修的楼层火灾向上的蔓延速度一般比人向上逃生的速度还快，当你跑不到楼顶时，火势已发展到了你的前面，因此产生的火焰会始终围着你。如不得已因就近逃到楼顶，要站在楼顶的上风方向。

(9)不要轻易跳楼。如果火灾突破避难间，在根本无法避难的情况下，也不要轻易做出跳楼的决定，此时可扒住阳台或窗台翻出窗外，以求绝处逢生。

(五)你知道火场中毛巾的妙用方法吗?

居家总免不了毛巾，你可知道一块普通的毛巾在火场逃生中的作用吗?

(1)它是“空气呼吸器”：湿毛巾在火场中过滤烟雾的效果极佳。含水量在自重3倍以下的普通湿毛巾，如折叠8层，烟雾消除率可达60%；如折叠16层，则可达90%以上。

(2)它是“简易灭火器”：液化气钢瓶口、胶管、灶具或煤气管道失控泄漏起火，可用湿毛巾盖住起火部位，然后关闭阀门，即可化险为夷；如遇小面积失火，用湿毛巾覆盖火苗，便可灭火。

(3)它是“密封条”：当火场中无路可逃时，如有避难房间可躲避烟雾威胁，为防止高温烟火从门窗缝或其他孔洞进入房间，可用湿毛巾或湿床单等物堵塞缝隙或孔洞，并不断向迎烟火的门窗及遮挡物洒水降温，以延长门窗被烧穿的时间。

(4)它是“救助信号”：被困在火场中的人员在窗口挥动颜色鲜艳的毛巾，可引起救援人员的注意。

(5)它是“保护层”：在火场中搬运灼热的液化气钢瓶等物体时，为避免烫伤，可垫上一条湿毛巾再搬运；结绳自救时，为防止下滑过程中绳索摩擦发热灼伤手掌，在手掌上缠一条湿毛巾便可安然无恙。

火场逃生的四字口诀：

熟悉环境，暗记出口；
通道出口，畅通无阻；
防微杜渐，谨防火源；
不入险地，不贪财物；
简易防护，蒙鼻匍匐；
善用通道，莫入电梯；
缓降逃生，滑绳自救；
避难场所，固守待援；
缓晃轻抛，寻求援助；
火已及身，切勿惊跑；
跳楼有术，虽损求生。

(六)校园内发生火灾如何处置?

情境感悟 2002年3月11日上午8时，沙特阿拉伯麦加市第31女子中学发生火灾，导致14名学生死亡，50名学生受伤。起火的区域是学校的锅炉房，虽然最初火势不大，但因为锅炉房和教室毗连，着火时浓烟和火焰很快窜入教室，受惊的学生争相出逃，由于教室的门太窄，通道也狭窄，影响了安全疏散，一些学生逃离时被挤倒在地，被踩伤或踩死，酿成了一场悲剧。

小贴士 该起火灾案例表明：这所学校平时没有对这些中学生进行防火教育和应急疏散演练，再加上发现着火后，学生们心里惊慌，不能保持冷静，导致疏散受到影响，酿成悲剧。那么，在学校遇到火灾应该怎么办呢?

首先，不要慌乱拥挤、盲目外逃，不要收拾书包等物品，以免耽误逃生时间，要在教师的带领下有组织地疏散。

1. 楼房教室逃生要点

(1)沿着疏散通道朝楼下跑。如果人员所在楼层以下的楼梯已经被烟火封阻，应当根据具体情况决定逃生方式。当有通向屋顶的通道且离屋顶较近时，可以跑到屋顶，等待救援；当离屋顶较远或者无法通向屋顶时，可以躲到可燃物少，受烟火威胁小，有新鲜空气的房间，将该房间朝向烟火一面的所有门窗关闭，用湿布堵塞孔洞缝隙，并收集一切水源向门窗浇水冷却，等待救援。

(2)可以打开靠外的窗户，向外高声呼救，让救援人员知道你的准确位置，以便营救。

(3)如果教室在二层，可以在教师的保护下，用绳子降到安全地区。

2. 平房教室逃生要点

(1)从没有火情的窗户向外逃生。

(2)平房着火后容易坍塌，大家应该尽快从教室撤离。

(3)离开教室后，探明着火方位，朝逆风方向快速逃离。

3. 在室外或者操场活动时，看见火情后要采取的措施

在室外或者操场活动时，看见火情后要采取以下措施。

(1)火情较小可用水或土扑灭，火情较大时应高声呼喊“着火了”。

(2)快速报告教师采取措施。

(3)迅速拨打火警电话“119”。

特别提醒：遇到火情不慌乱，一切行动听从教师指挥，采用正确的方法逃生。同学之间要互相照顾，大同学要照顾年小体弱的同学。

(七)汽车、火车发生火灾如何逃生?

情境感悟 2006年3月1日13时左右，广西横县境内发生一起特大汽车火灾。一辆由四川射洪开往深圳龙岗的客车在南(宁)梧(州)高速六景镇甘棠河大桥横县方向100米处突发大火，车上42名乘客(含3名儿童)中，16人死亡，多人烧伤。

据事故现场人员介绍，这辆客车行驶到出事路段时，驾驶员发现发动机处冒出黑烟，便停下车打开引擎盖，不料高热的发动机接触空气后突然引发明火，并向车厢中部蔓延。车内乘客顿时惊呼着乱成一片，纷纷逃向后车厢。由于混乱，车门的控制系统受损，无法打开。两名司机从前窗跳下车后，立即拿救生锤和石头砸破车窗玻璃营救乘客。

小贴士 该起火灾案例表明：客车驾驶员缺乏起码的消防安全常识，汽车发动机冒烟后，错误地打开引擎盖，导致火势迅速发展蔓延。火灾发生后，车上乘客不能保持冷静，服从车务人员指挥，导致车门的控制系统受损，延误了逃生时机。那么发生火灾后该如何逃生?

1. 在汽车上

(1)立即让司机停车，打开车门。

(2)即使火势不大也要立即下车，且按照顺序下车，千万不要拥挤。

(3)紧急情况下，如门打不开或大巴车上人员过多疏散过慢时，用车壁上挂着的小铁锤砸碎玻璃，在车停稳后从车窗向外跳。

(4)车起火后，或车内大量冒烟后，不要返回车内取东西，因为烟雾中有大量毒气，即使吸入一口也可能害人性命。

(5)私家车中可常备一把小裁纸刀，一旦遇到汽车事故或者火灾，安全带有可能变成

"杀手带"，成为逃生时的一大阻碍；也应备一把小铁锤以便紧急情况下在门无法打开时敲碎玻璃逃生。

2. 在火车上

(1)听从现场工作人员的指挥，不要慌乱拥挤。

(2)当起火车厢内的火势不大时，不要开启车厢门窗，以免大量的新鲜空气进入后，加速火势的扩大蔓延，同时提醒成年人用灭火器灭火。

(3)立即向无火的车厢转移。不要选择逆人流的路线，也不要选择穿越人流的路线。当车厢内浓烟弥漫时，要采取低姿行走的方式逃离到车厢外或相邻的车厢。

(4)当车厢内的火势较大时，被困人员可用坚硬的物品或车壁上悬挂的铁锤将窗户玻璃砸破，待车停稳或车速极慢时通过窗户逃离火灾现场。

(八)地铁发生火灾如何逃生?

情境感悟 2003年2月18日，韩国大邱市地铁发生人为纵火事件，导致198人死亡，147人受伤，堪称最为惨烈的地铁火灾。

2004年2月6日早晨，俄罗斯首都莫斯科一列地铁运行中发生爆炸性火灾。爆炸造成40人死亡，122人被送进医院接受救治。

小贴士 地铁火灾逃生要素如下。

(1)火起迅速报警，车厢内发生火灾时，按报警按钮，通知列车司机，司机可就近停车，并告诉调度，准备人员疏散。

(2)如果发现火势并不大，且尚未对人造成很大威胁，可用车厢内的消防器材努力将小火控制、扑灭。

(3)若车门开启不了，乘客可利用车壁上的小铁锤或身边的物品破门。要密切留意车上的广播，切不可慌乱。

(4)疏散时应远离电轨，防止触电。要听从车站工作人员统一指挥，沿着正确的逃生方向进行疏散。切记要迎着风逃生，那才是正确的方向。

(九)公共场所发生火灾如何逃生?

情境感悟 2008年9月20日，深圳龙岗区某俱乐部发生火灾，造成44人死亡，88人受伤。据调查了解，该起火灾火势发展迅猛，有观众发现起火30秒后，火势迅猛蔓延，浓烟迅速笼罩整个大厅，1分钟后全场断电。由于人群恐慌，现场缺乏有组织的人员疏散引导，再加上客人多不熟悉后门的逃生通道，几百客人都挤往前门的逃生通道，导致人员滞留、踩踏不断，灾情加重。而此俱乐部工作人员由于熟悉逃生通道位置，从后门消防通道撤离，100多名员工无一死亡。

在此次火灾事故中，明显看出消费人员缺乏自救逃生知识。据调查，当天许多消费者在发现舞台上方冒烟之后，仍在观望，没有立即撤离现场。当浓烟弥漫后，也没有采取捂住口鼻等自救措施，以减轻有毒烟雾造成的伤害。此次火灾伤员中有48人为吸入性损伤，其余为烧伤和踩踏伤。由于不熟悉通道位置，许多客人涌向来消费时的正门通道楼梯，仅有数十人从其他的消防安全出口逃生。

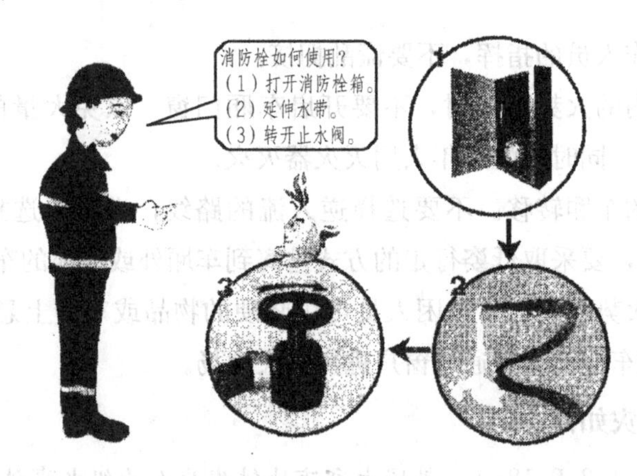

小贴士 商场、影剧院等人员聚集的场所，它们的一个共同特点是人员密集、流动性大。一旦发生火灾，往往会造成群死群伤事故。火灾初期的现场常充满浓烟，阻挡视线，使受害者晕头转向；缺氧使受害者呼吸困难，反应迟钝；热气流和高温使受害者无所适从，感到大难临头，惊慌失措，争相逃命，互相拥挤踩踏。如果你处在这样的困境中，应该如何正确逃生呢?

1. 影剧院火灾的逃生方法

(1)选择安全出口逃生。影剧院里都设有消防疏散通道，并装有门灯、壁灯、脚灯等应急照明设备，标有“太平门——出口处”或“非常出口——紧急出口”等指示标志。发生火灾后，观众应按照这些应急照明指示设施所指引的方向，迅速选择人流量较小的疏散通道撤离。

(2)发生火灾时，楼上的观众可由楼梯向外疏散，楼梯如果被烟雾阻隔，在火势不大时，可以从火中冲出去，虽然人可能会受点伤，但可避免生命危险。此外，还可就地取材，利用窗帘布等自制救生器材，开辟疏散通道。

2. 商场(集贸市场)火灾的逃生方法

(1)利用疏散通道逃生。每个商场都按规定设有室内楼梯、室外楼梯，有的还设有自动扶梯、消防电梯等，发生火灾后尤其是在初期火灾阶段，这都是逃生的良好通道。在下楼梯时应抓住扶手，以免被人群撞倒。不要乘坐普通电梯逃生，因为发生火灾时，停电也时有发生，无法保证电梯的正常运行。

(2)利用建筑物逃生。发生火灾时，如上述方法无法逃生，可利用落水管、房屋内外的突出部分和各种门、窗以及建筑物的避雷网(线)进行逃生，或转移到安全区域再寻找机会逃生，利用各种逃生方法时，要胆大心细，特别是老、弱、病、妇、幼等人员，切不可盲目行事，否则容易发生伤亡。

(3)寻找避难处所。在无路可逃的情况下应积极寻找避难处所，如到室外阳台、楼房平顶天台等待救援；选择到火势、烟雾难以蔓延的房间，关好门窗，堵塞间隙，房间如有水源，要立刻将门、窗和各种可燃物浇湿，以阻止或减缓火势和烟雾的蔓延。无论白天或晚上，被困者都应大声呼救，不断发出各种呼救信号，以引起救援人员的注意，帮助自己脱离困境。

(十)高层建筑发生火灾如何逃生?

情境感悟　2008年11月14日早晨6时10分左右，上海商学院徐汇校区一学生宿舍楼发生火灾，火势迅速蔓延导致烟火过大，4名女生在消防队员赶到之前从6楼宿舍阳台跳楼逃生，不幸全部遇难。火灾事故初步判断原因是，宿舍里使用“热得快”引发电器故障，引燃周围可燃物。

小贴士　由于高层建筑的特殊结构，一旦发生火灾，与普通建筑物相比，危险性也就更大一些，如处置不当，往往会危及生命。所以，当你身处这种情况时，一定要保持冷静，不要惊慌。

(1)要迅速辨明是自己所处房间的上下左右哪个方位起火，然后决定逃生路线，以免误入“火口”。

(2)如果发现门窗、通道、楼梯已被烟火封住，但还有可能冲出去的时候，可向头部和身上淋些水，或用湿毛巾、被单将头蒙住，用湿毛毯、棉被将身体裹好，冲出险区。

(3)如浓烟太大，人已不能直立行走，则可贴地面或墙根爬行，穿过险区。当楼梯已被烧塌，邻近通道被堵死时，可通过阳台或窗户进入另外的房间，从那里再迅速逃向室内专用消防电梯或室外消防楼梯。

(4)如果房门已被烈火封住，千万不要轻易开门，以免引火入室，要向门上多泼些水，以延长蔓延时间，伺机从窗户伸出一件鲜艳衣服摆动并大声呼叫，以引起救援人员注意。

(5)如楼的窗外有雨水管、流水管或避雷针线，可以利用这些攀援而下；也可用结实的绳索(如一时找不到，可将被罩、床单、窗帘撕成条，拧成绳接好)，一头拴在窗框或床架上，然后缓缓而下。若距地面太高，可下到无危险楼层时，用脚将所经过的窗户玻璃踢碎，进入后再从那里下楼。

(6)如房间距楼顶较近，也可直奔楼顶平台或阳台，耐心等待救援人员到来，但无论遇到哪种情况，都不要直接下跳，因为那样只有死而无一生。

(十一)家庭发生火灾如何逃生?

情境感悟 2015年12月8日20时12分，四川省达州市达川区南外镇一名为“天下城”的小区9楼突然起火，熊熊大火向外直冲，小区住户立即拨打“119”报警求助，经侦查，过火面积大约10平方米，燃烧物为客厅沙发，幸而无人员被困。

小贴士 随着人们生活水平的提高，家庭面临的火灾危险性也在相应增大。据统计，我国的火灾死亡人数中，60%发生在家庭。居民掌握了家庭火灾逃生的方法和技能，就能显著减少火灾伤亡。

1. 家住楼房发生火灾如何逃生

家庭发生火灾逃生时楼道是首选的、最重要的火灾逃生途径。首先通过摸门、开门缝、检查空气等，辨明穿过楼道逃生是否可行，如果可行，就要通过这一途径逃生，具体情况如下。

(1)同学们在家里发现火情，要立即通知家长。

(2)如果发现火势和燃烧面积不大的火，如废纸篓里的纸着火了、簸箕里的一点垃圾着火了、烟灰缸里的杂物着火了，可以用水灭火，也可以用浸湿的毛巾覆盖把火扑灭。

(3)如果火势较大，应喊在家的成年人灭火，扑不灭时要及时逃生，并及时拨打“119”电话报警。逃生时应同时呼喊提示邻居。

(4)如果正在睡觉被烟呛醒，要先查看清楚是哪里着火。如果是卧室外着火，但火势和烟势不大，能够看清逃生的方向和通道，用湿毛巾捂住口鼻，快速冲出，撤离逃生；如果烟雾大，要让身体尽量贴近地面快速爬行；如果触摸房门感到房门发热，千万不要打开房门。

(5)实在没有办法逃离时要紧闭房门，用衣物将门窗堵住，并不断往门窗和衣物上泼水。同时设法报警，并在阳台或者窗台边俯身呼救。听不见喊声时，白天可以挥动鲜艳的衣物，夜里可以晃动手电引起营救人员的注意。

2. 楼道着火楼上的人如何脱险

楼道着火，人们往往会惊慌失措。尤其是在楼上的人，更是急得不知如何是好。当楼道着火时应该做到以下几点。

(1)首先要稳定自己的情绪，保持清醒的头脑，如有电话，要迅速拨打“119”报警，没有电话也要想办法就地灭火，如用水浇、用湿棉被覆盖等。如果不能马上扑灭，火势就会越烧越旺，人就有被火围困的危险，这时应该设法脱险。有时楼房内着火，楼梯未着火，但浓烟往往朝楼梯间灌，楼上的人容易产生错觉，认为楼梯已被切断，没有退路了，其实大多数情况下，楼梯并未着火，完全可以设法夺路而出。如果被烟呛得透不过气来，可用湿棉毛巾捂住嘴鼻，贴近楼板或干脆跑走。即使楼梯被火焰封住了，在别无出路时，也可用湿棉被等物做掩护及早迅速冲出去。如果楼梯确已被火烧塌，似乎身临绝境，也应冷静地想一想，是否还有别的楼梯可走，是否可以从屋顶或阳台上转移。只要多动脑筋，一般还是可以解救的。

(2)如果被围困在楼上，有绳子用绳子，没有绳子用撕裂的被单结起，沿绳子滑下，争取尽快脱险。

(3)呼救也是一种常用的获救途径。周围群众听到呼救，也会设法抢救，或报告消防来抢救。

这里需要特别提醒的是：要根据着火方位采取正确行动。发现楼上着火要迅速撤到楼外并呼救；发现楼下着火时不要盲目往楼下跑，必要时可到顶层呼救；若被大火围困在室内，要设法防止大火向屋内蔓延并设法呼救。应该禁止的行为有：不要找衣服穿或者为抢救贵重、心爱的东西而耽误时间；不要往柜子里或者床底下钻；不要躲藏在角落里；不要盲目往火场里跑；不要跳楼。

(十二)被困电梯如何自救?

电梯给生活在城市的人们带来了不少的方便，但如果电梯坏了，受困者需掌握以下自救方法，确保安全，获得救援。

(1)保持镇定，并且安慰困在一起的人，向大家解释不会有危险，电梯不会掉下电梯槽。电梯槽有防坠安全装置，会牢牢夹住电梯两旁的钢轨，安全装置也不会失灵。

(2)利用警钟或对讲机、手机求援，如无警钟或对讲机，手机又没有信号时，可拍门叫喊，如怕手痛，可脱下鞋子敲打，请求立刻找人来营救。

(3)如不能立刻找到电梯技工，可请外面的人打电话叫消防员。消防员通常会把电梯绞上或绞下到最接近的一层楼，然后打开门。就算停电，消防员也能用手动器完成。

(4)如果外面没有受过训练的救援人员在场，不要自行爬出电梯。

(5)千万不要尝试强行推开电梯内门，即使能打开，也未必够得着外门，想要打开外门安全脱身当然更不可行。电梯外壁的油垢还可能使人滑倒造成更大危险。

(6)电梯天花板若有紧急出口，也不要爬出去。出口板一旦打开，安全开关就会使电梯煞住不动。但如果出口板意外关上，电梯就可能突然开动令人失去平衡，在漆黑的电梯槽里，可能被电梯的缆索绊倒，或因踩到油垢而滑倒，从电梯顶上掉下去。

(十三)遭遇森林火灾如何逃生?

在假期，孩子们会跟随家长到各地的名山大川旅游避暑，掌握一定的森林火灾常识和技能对于保全生命财产安全是非常有必要的。在森林中一旦遭遇火灾，应当尽力保持镇静，就地取材，尽快做好自我防护，可以采取以下防护措施和逃生技能，以求安全迅速逃生。

(1)在森林火灾中对人身造成的伤害主要来自高温、浓烟和一氧化碳，容易造成热烤中暑、烧伤、窒息或中毒，尤其是一氧化碳具有潜伏性，会降低人的精神敏锐性，中毒后不容易被察觉。因此，一旦发现自己身处森林着火区域，应当使用沾湿的毛巾遮住口鼻，附近有水的话最好把身上的衣服浸湿，这样就多了一层保护。然后要判明火势大小、火苗延烧的方向，应当逆风逃生，切不可顺风逃生。

(2)在森林中遭遇火灾一定要密切观察风向的变化，因为这说明了大火的蔓延方向，这也决定了逃生的方向是否正确。实践表明，现场刮起5级以上的大风，火灾就会失控。如果突然感觉到无风的时候更不能麻痹大意，这时往往意味着风向将会发生变化或者逆转，一旦逃避不及，容易造成伤亡。

(3)如果被大火包围在半山腰，要快速向山下跑，切忌往山上跑，通常火势向上蔓延的速度要比人跑得快得多。

(4)一旦大火扑来，如果处在下风向，要做决死的拼搏，果断地迎风对火突破包围圈，切忌顺风撤离。如果时间允许可以主动点火烧掉周围的可燃物，当烧出一片空地后，迅速进入空地卧倒避烟。

(5)顺利地脱离火灾现场后，还要注意在灾害现场附近休息的时候防止蚊虫或者蛇、野兽、毒蜂的侵袭。集体或者结伴出游的朋友应当相互查看一下大家是否都在，如果有掉队的应当及时向当地灭火救灾人员求援。

二、活动体验

学完本节课，同学们了解了许多火灾的预防和火场逃生的措施。想一想，自己如果遇到火灾应该怎么办？我校每年要举办“安全防火常识”的主题班会和“119消防演练”，那么，请同学们在课后搜集更多书上未提到的有关防火常识，在班会上与同学们交流。

火灾的预防：

火场逃生方法：

三、头脑风暴

1. 火场逃生的技巧有哪些？逃生过程中应注意什么问题？

2. 你们学校经常开展消防演习吗？你在消防演习中学到了哪些知识？

3. 自己拟定一份火灾逃生方案(可以是学校、家庭、商场、工厂，地点自选)。

四、评价与考核

评价方式	自我评价	相互评价	小组评价	教师评价
评价内容				
备注：根据项目开展需要选择评价方式				

第六章 灾害自救

导 读

2008年的“5·12”大地震，给人们以深刻的启示：面对突如其来的灾难(不仅是地震，还有火灾、洪水、泥石流、雷电等)，我们该如何及时地开展自护、自救，避免灾难给我们带来更大的损失和伤害，这是摆在我们每一个人面前的现实问题。

俗话说，水火无情。当灾难发生时，人们常寄希望于他人或者运气。然而，并非每个危险时刻都能有幸运之神从天而降。每个人的生命都只有一次，面对这些不测的灾害，唯有做好充分的准备，做好防范措施，学习并掌握一些防避灾害的知识，才能避免更大的损失，才能获得最大的生存机会。

第一节 防患洪水灾害

一、情境感悟

1998年我国大部分地区遭受洪水袭击，包括长江、嫩江、松花江等。1998年长江洪水是继1931年和1954年两次洪水后，20世纪发生的又一次全流域型的特大洪水之一；嫩江、松花江洪水同样是150年来最严重的全流域特大洪水。据初步统计，包括受灾最重的江西、湖南、湖北、黑龙江四省，全国共有29个省(区、市)遭受了不同程度的洪涝灾害，受灾面积3.18亿亩，成灾面积1.96亿亩，受灾人口2.23亿人，死亡4 150人，倒塌房屋685万间，直接经济损失达1 660亿元。

同学们一定看过或听过有关洪水灾害的报道，你还知道哪些洪水灾害的大事件？

____

____

____

____

二、知识探究

一个地区短期内连降暴雨，河水会猛烈上涨，漫过堤坝，淹没农田、村庄，冲毁道路、桥梁、房屋，这就是洪水灾害。严重的水灾通常发生在江河湖溪沿岸及低洼地区。

(一)你知道洪水灾害的预防方法吗?

人们常将洪水与猛兽联系在一起表示可怕的事物。人一旦被困于洪水，即使会游泳，逃生的可能性也极小。避免受洪水袭击的最好办法就是预防。

(1)注意收听收看当地的天气预报，当连续有暴雨或大暴雨时，外出就要提高警惕。

(2)通过有积水的道路和通道时，一定要注意观察水情，防止误入深水区或掉进排水口。

(3)洪水到来之前要做好防洪准备，储备必要的医疗用品、衣物和食品，按照预先选择好的路线撤离易被洪水淹没的地区。

友情提示

洪灾发生的原因：

(1)雨量大，持续时间长。

(2)植被覆盖差，缺树少草。滥砍滥伐，植被覆盖率下降，从而导致水土流失。

(3)地形地貌差，如碎石多，山体易坍塌、滑坡，经不起山洪冲刷。

(4)地势陡峭或者有坡度，平原上则为河道狭窄、河水改道、决堤等。

(二)你知道洪水灾害的救助办法吗?

出现洪水，如果预防及时，灾区居民会及时转移，但是有些洪灾来势凶猛，可能来不及预先准备。此外，一些外地旅游者也有可能突然遭遇洪水的袭击，因此，学会自救非常重要。

(1)受到洪水威胁，如果时间充裕，应按照预定路线有组织地向山坡、高地等处转移；在已经受到洪水侵袭的情况下，要尽可能利用船只、木排、门板、木床等做水上转移工具。

(2)为防止洪水涌入屋内，首先要堵住大门下面所有空隙。最好在门槛外侧放上沙袋，沙袋可用麻袋、草袋或布袋、塑料袋，里面塞满沙子、泥土、碎石等。

(3)如果洪水不断上涨，应在楼上储备一些食物、饮用水、保暖衣物以及烧水的用具。

(4)在爬上木筏之前，一定要试试木筏能否漂浮，要在木筏上备好食品、发信号用具(如哨子、手电筒、旗帜、鲜艳的床单)、划桨等物品。在离开房屋漂浮之前，要吃些含较多热量的食物，如巧克力、糖、甜糕点等，并喝些热饮料，以增强体力。

(5)在离开家门之前，要把煤气阀、电源总开关等关掉，时间允许的话，将贵重物品用毛毯卷好，收藏在楼上的柜子里。出门时最好把房门关好，以免家产随水漂流掉。

(6)发现高压线铁塔倾倒、电线低垂或断折，要远离避险，不可触摸或接近，防止触电。

(7)洪水过后，要服用预防流行病的药物，做好卫生防疫工作，避免发生传染病。

三、活动体验

很多同学认为没有亲自经历过洪灾，感觉不到洪灾的可怕性，对防避洪灾并不重视。但是我们不能有这种想法，必须在平时掌握一些安全知识，以防万一。学完本节课，你是否对防避洪灾引起了重视？是否有了新的认识？请把自己的想法和认识与同学们交流。

防避洪灾的方法：________________

四、头脑风暴

1. 你觉得减少洪灾损失的措施有哪些？

____

2. 我给家住洪灾易发地者的建议：

____

五、评价与考核

评价方式	自我评价	相互评价	小组评价	教师评价
评价内容				
备注：根据项目开展需要选择评价方式				

第二节　防避地震危害

一、情境感悟

2008年5月12日(星期一)14时28分04秒，四川省阿坝藏族羌族自治州汶川县映秀镇与漩口镇交界处发生了8.0级大地震。根据中国地震局的数据，此次地震的面波震级达8.0 Ms、矩震级达8.3 Mw(根据美国地质调查局的数据，矩震级为7.9 Mw)，严重破坏地区超过10万平方千米。地震烈度达到9度。地震波及大半个中国及亚洲多个国家和地区。北至辽宁，东至上海，南至中国香港和澳门、泰国、越南，西至巴基斯坦均有震感。截至2008年9月18日12时，汶川大地震共造成69 227人死亡，374 643人受伤，17 923人失踪，是中华人民共和国成立以来破坏力最大的地震，也是唐山大地震后伤亡最严重的一次地震。

相信同学们不会忘记这次地震后的场面，那时每天都在关注着有关地震的报道，看着那种场面不禁一阵心酸。回想一下，当时同学们正在做什么？如果地震就发生在你的身边，你会怎么做？

____

____

____

二、知识探究

地震是人们通过感觉和仪器能觉察到的地面振动，它与风雨、雷电一样，是一种极为普遍的自然现象。强烈的地面振动，即强烈地震，会直接和间接造成破坏，成为灾害，凡由地震引起的灾害，统称为地震灾害。

(一)你知道地震的类型吗?

地震按成因可分为天然地震和诱发地震。

1. 天然地震

天然地震(构造地震、火山地震、塌陷地震)是自然界发生的地震。天然地震主要是构造地震，它是由于地下深处岩石破裂、错动，把长期积累起来的能量急剧释放出来，以地震波的形式向四面八方传播出去，到地面引起地动房摇。构造地震约占地震总数的90%以上。其次是由火山喷发引起的地震，称为火山地震，约占地震总数的7%。此外，某些特殊情况下也会产生地震，如岩洞崩塌(塌陷地震)、大陨石冲击地面(陨石冲击地震)等。

2. 诱发地震

诱发地震(矿山冒顶、水库蓄水等)是人为因素引起的地震，如工业爆破、地下核爆炸造成的震动，在深井中进行高压注水以及大水库蓄水后增加了地壳的压力，有时也会诱发地震。

地震是一种破坏力很大的自然灾害，除了直接造成房倒屋塌和山崩地裂、砂土液化、喷砂冒水外，还会引起火灾、爆炸、毒气蔓延、水灾、滑坡、泥石流、瘟疫等次生灾害。此外，由于地震所造成的社会秩序混乱、生产停滞、家庭破坏、生活困苦和人们心理的损害，往往会导致比地震直接损失更大的灾难。

作为学校来说，地震来临时，最需要学校领导和教师的冷静与果断。在有中长期地震预报的地区，平时要结合教学活动，向学生们讲述地震和防震抗震知识。震前要安排好学生转移、撤离的路线和场地。震时可以躲避在比较坚固、安全的房屋里；教学楼内的学生可以到开间小、有管道支撑的房间里，绝不可让学生们乱跑或跳楼。震后要沉着指挥学生们有秩序地撤离。

(二)你知道地震的日常防护方法吗?

据统计，全世界每年约发生500万次地震，不过99%以上的地震是微小地震，人们不容易感觉到。但强烈的突发性地震往往使人猝不及防，从而造成人员伤亡和巨大的经济损失。

由于现代科学技术还无法十分准确地将地震发生的时间和地点加以预报，往往是在我们毫无准备、猝不及防的情况下，地震就发生了。因此，为减少地震带来的危害，日常防护也是必要的。

(1)要相信科学，反对迷信，不轻信地震谣言。同时要了解地震知识，掌握防震应急措施。

(2)平时屋内物品的摆放应合理，较重的东西要放在低处，以防物品坠落砸伤人。

(3)各种易燃易爆、化学物品应拿到室外安全地方摆放，避免地震时引起火灾。

(4)明确疏散路线、避难地点，准备好避难和营救的物品。通常需准备好手电筒、打火机、收音机，够三天用的食物和饮用水。

(5)加固室内家具杂物。把放在高处的小物件、镜框等物体转移到地板上，避免家具杂物在地震时翻倒掉落，造成伤害事故。

小知识

地震的前兆有哪些?

(1)地声：地震之前发自地下深处的一种响声，是一种重要的临震宏观前兆。人们听到的地声有像雷声、炮声、机器轰鸣声、机车声、撕布声、狂风怒吼声等。地声一般出现在震前几分钟，是一种临震信号。

(2)地光：地光的出现往往预示着地震马上就要发生了。地光的颜色有蓝、红、白、黄、绿等，形状有带状、条状、片状、球状、柱状等。地光与地声大多相伴出现，但地光较多出现在地声之前。

(3)水位：主要表现为水位的突升剧降，以及翻花、冒泡、打旋等。

(4)动物：地震前各种动物的生活习性和行为会出现异常反应。

穴居动物：如老鼠、蛇、蚯蚓等。震前它们的异常行为主要有冬眠期间大量出洞、活动规律反常、成群结队、四处跑、惊叫、惊慌或呆痴等。像鼠类，在震前成群出洞，四处窜逃，不怕人和猫等。

水栖动物：指江河池塘中的鱼类以及蛙类等。震前这些动物较为普遍的现象是浮头昏迷、打旋翻肚、翻腾跳跃等。

地面动物：指的是牛、马等大牲畜和狗、猪、羊、兔等家畜。震前这些动物一般出现的异常现象是焦躁不安、嘶叫乱跑、委靡不振、不进食、不进窝；狗则更多地表现为无缘无故地狂跑狂吠，在墙脚刨洞。

飞行动物：指的是家禽及常见鸟类和昆虫。它们的异常行为主要有不符合常规地成群惊飞惊叫，不进窝巢栖息、呆滞无神、不思寻食等，如鸡往高处惊飞栖息，鹅鸭赶不下水或下水后惊飞上岸等现象。

(5)气象：地震与气象的变化也是有一定联系的，如震前高温酷热，雷雨骤烈，阴霾昏晦、水涝干旱、冬暖春寒等反常现象。

猪不吃食狗乱咬。

老鼠出洞到处跑。

鸡飞到树上高声叫。

鱼跃到水面惶惶跳。

此外，有的大地震在发生前几天或几小时会发生一系列小震。强烈地震前，大自然会出现一些异常现象。例如，地震前数分钟、数小时或数天，往往有声响自地下深处传来，有的地方会看见地光，有的地方还会出现地下水的异常现象，如水位突然升降、变味、浑浊、浮油花、冒气泡等。

以上这些人的感官能直接觉察到的地震前兆称为地震的宏观前兆，在地震预报中具有重要作用。我国 1975 年辽宁海城 7.3 级地震和 1976 年松潘-平武 7.2 级地震前，地震工作者和广大群众曾观测到大量的宏观异常现象，为这两次地震的成功预报提供了重要资料。不过应当注意，上述列出的多种现象也可能由其他原因造成，不一定都是地震前的预兆。例如，井水和泉水的小幅涨落可能和降雨多少有关，也可能是受附近抽水、排水和施工的影响；井水变色、变味可能因污染而起；动物的异常表现可能与天气变化、疾病、发情、外界干扰刺激等因素有关。一旦发现异常的自然现象，不要轻易做出即将地震的预测，更不要惊慌失措，而应当弄清异常现象出现的时间、地点和有关情况，保护好现场或拍照记录，向地震预测部门或政府机关报告，请有关专业人员调查核实，弄清事情的真相。

(三)如何做好地震后的自救?

地震往往是始料不及的。强烈地震后，人们会面对各种困难，如与家人失去联系，家人伤亡，找不到其他亲人，独自在外，无法与家人联系，没有交通工具，无法回家；处于危险境地，身体受伤，被困在高层建筑内、断桥上或其他危险环境里；被倒塌物埋在废墟中；受到新的灾害威胁，频繁发生的余震继续造成各种破坏，发生次生灾害，如火灾、毒气泄漏或其他犯罪活动等。因此，震后用正确的方法开展积极的自救互救，对于减轻地震灾害，免遭新的损失是十分重要的。

地震发生后如何自救十分重要。地震发生后，在不同的场所应该有不同的自救方法。

(1)一旦感觉到地震征兆，要立即拉断电闸，浇灭炉火，关闭煤气、液化气阀门，带上准备好的必需品，迅速避震。

(2)不要拥挤在楼梯、过道上，更不要盲目破窗跳楼，要尽快有秩序地走楼梯下楼，切记不要乘坐电梯。

首先要切断电源，关上煤气。

在家里，可以躲在桌子或床的下面。

在火车上，要赶快趴在座位上。

(3)如果地震时正好在学校，一定不要乱跑，要听从教师的指挥，有秩序地撤离教室，或者在教师的指挥下迅速躲在自己的课桌下，等地震过后再有组织地撤离。

(4)如果在剧院、商场等公共场所，千万不要乱跑、乱挤，应听从工作人员的指挥，有组织地撤离。来不及撤离时应该就地蹲下或趴在排椅下，躲在墙角处，尽可能避开悬挂物、玻璃门窗、玻璃货柜，注意用双手保护头部。

(5)如果居住在高层楼房，地震时来不及撤离，应立即躲到桌下、床下，离建筑物中心最近的墙角处或者面积最小的厕所、储藏室、浴室等处，千万不要跑向阳台或跳楼。

(6)地震时如果正在户外，应该选择安全开阔的地方蹲下，远离高大的、易于倒塌的建筑物；如果正在繁华街区，要注意用手或手提包等保护好头部，防止玻璃窗、广告牌等落下砸伤；第一次地震结束后不要立即返回室内，防止余震的再次袭击。

(7)如果地震后不幸被困在瓦砾中，首先应保持镇静乐观的心态，相信自己一定能活着出去。尽快清理压在身上的物体，保持呼吸畅通，想办法脱离危险区。

(8)地震后设法扩大自己的安全空间，防止重物再压在自己身上。积极寻找食品和水，创造生存条件。

(9)如果没有办法逃脱，就要保持体力，不要盲目呼叫，可以用敲击等方法与外界联系，等待救援。

(10)如果被困在瓦砾中并受伤，若是流血的话应撕破自己的衣物止血，若怀疑骨折，最好不要乱动，耐心等待救援。

三、活动体验

2008 年 5 月 12 日的汶川大地震让我们胆战心惊，这次地震给我们所有人留下了惨痛的记忆。学完这节课，相信同学们对地震的预防与救助又增加了一些新的知识，希望同学们在平时多搜集一些有关地震方面的知识，多参加一些地震逃生的演练，熟悉演练流程，认真对待演练，加强对灾难防避的学习。下面，请同学们自己设计一次在学校上课时突发地震的防避演习，并写下演习步骤。

地震逃生技巧：____

____

____

四、头脑风暴

1. 你觉得怎样可以减少地震灾害的损失？

____

____

2. 我对学校疏散演练的建议：

____

____

五、评价与考核

评价方式	自我评价	相互评价	小组评价	教师评价
评价内容				
备注：根据项目开展需要选择评价方式				

第三节　防备雷电伤害

一、情境感悟

2007年5月23日16点左右，重庆开县义和镇兴业小学某教室遭到雷击，造成7名学生死亡，44名学生受伤，其中5名重伤的惨剧。事后防雷专家勘查现场发现，教室没有防雷措施，当遭受雷击时，高达上万伏的雷电压击向学生，坐在靠墙和带铁条窗口位置的学生承受了最高电压，受到的冲击和伤害最大，坐在教室中间的学生则幸免于难。

同学们听过或看过遭遇雷击导致伤亡的事情吗？你对防备雷电伤害的知识了解多少？

____

____

____

____

二、知识探究

雷电是发生在大气中的一种极其雄伟壮观的自然现象，它往往伴随着降雨产生，偶尔也会晴天打雷，俗称晴天霹雳。实际上，雷电是雨季中常见的一种自然现象。简单地说，雷电就是在大气中自然发生的强烈的放电现象，一般表现为划过天际的、明亮的、树枝状分叉的闪光(俗称闪电)，以及紧随其后的巨大的爆炸般声响(俗称雷声)。在夏季的雷雨天气，这种现象较为常见。

友情提示

预防雷电袭击总的原则：一是人体的位置尽量降低，以减少直接被雷击的危险；二是尽量减少人体与地面的接触面积。

雷电灾害被联合国有关部门列为“最严重的十种自然灾害之一”。它虽然不及地震、洪水和飓风那样严重，但雷电灾害随着社会信息化和电子化的发展变得更加明显而广泛，因而被称为“电子时代的一大公害”。雷电灾害长期不断地威胁人身安全和财产安全，并危害公共服务和文化遗产。每年全国都会发生许多雷电灾害，损坏最多的是计算机网络、通信系统、监测监控系统、家用电器、电视、电话等，占雷电灾害总数的92%。与此同时，电闪雷鸣时，人在树下或建筑物下容易遭雷击。雷击和触电都可当即致死，轻则致伤。超过65伏的交流电压就会伤害人体，而高压电线落地周围方圆10米内都会使人触电。闪电的电压可达1亿伏，击中人体，可使人立即炭化焦黑。

雷电是一种自然现象，地球每秒就有15次雷电发生。据统计，我国每年因雷电灾害导致伤亡的人数在1万人以上。仅2007年8月，全国就有17个省市因雷电灾害导致109人死亡，43人受伤，与其他机构相比，学校开阔地较多，防雷电设施建设良莠不齐，有必要加强防范雷电灾害的教育。

雷雨季节预防被雷电击伤最有效的方法就是加强雷电灾害的宣传和教育，提高防雷意识，主动避开易受雷击的时间和远离易受雷击的地方。主要的雷电预防方法有以下几点。

(1)如果在雷电交加时，身上感到有蚂蚁爬走感，说明将发生雷击，应赶紧趴在地上，并摘掉身上佩戴的金属饰品，如手表、眼镜等物。

(2)雷雨天气应立即寻找庇护所，如装有避雷针的、钢架的或钢筋混凝土的建筑物。注意关闭门窗，以防侧击雷和球雷侵入。最好把室内家用电器的电源切断，并拔掉电话插头。在家中，尽量不要使用设有外接天线的收音机和电视机，更不能使用电视机的室外天线，若雷电一旦击中电视天线，雷电就会沿着电缆线传入室内，威胁电器和人身安全。同时，最好不要接触煤气管道、自来水管道以及各种带电装置。如找不到合适的避雷场所，应采用尽量降低重心和减少人体与地面的接触面积的方式避雷，可蹲下，双脚并拢，手放膝上，身向前屈，如披上雨衣，防雷效果更好。千万不要躺在地上、壕沟或土坑里。

(3)雷电交加时，如果在野外，千万不要靠近空旷地带或山顶上的孤树，这里最易受到雷击。不要待在开阔的水域或小船上。高树林的边缘，电线、旗杆的周围和干草堆、帐篷等无避雷设备的高大物体附近，铁轨、长金属栏杆和其他庞大的金属物体附近，山顶、制高点等场所都不能停留。另外，在野外的人群，无论是运动的，还是静止的，都应拉开几米的距离，不要挤在一起，也可躲在较大的山洞里。

(4)雷雨天不要打电话，电波可能在通信线路上激起很高的电压，同时产生很大的电流。此时打电话，一旦雷击，电波也会在听筒中引起很强的轰鸣声，致使打电话的人

听觉器官受到损伤。如果在外旅游，身处空旷地带，同学们要记住，务必关闭手机。因为手机开通电源后，所发射的电磁波极易引来感应雷，把手机变成导线，使人遭受雷击。

(5)雷雨天不要站立于山顶、楼顶上或接近导电性高的物体，切勿接触天线、水管、铁丝网、金属门窗、建筑物外墙，远离电线等带电设备或其他金属装置。

(6)雷电交加时不宜游泳，不宜在雷电交加时用喷头冲凉，因为巨大的雷电有可能沿着水流袭击淋浴者。雷雨天也不适宜进行室外球类运动，要离开水面以及其他空旷场地，寻找地方躲避。

(7)雷电交加时在空旷场地不宜打伞，不宜把羽毛球拍、高尔夫球棍等扛在肩上，也不宜开摩托车、骑自行车。

(8)当发现有人被雷电击中时，应立即将病人送往医院。如果遭雷击的人当时呼吸、心跳已经停止，应立即就地做人工呼吸和胸外心脏按压，积极进行现场抢救。千万不可因急着送往医院而不做抢救，否则会因贻误时机而使人死亡。

三、活动体验

有报道说某省某校教学楼遭到雷电袭击，致使28名学生不同程度地被雷电击伤，其中有三四名学生伤势较重。事故原因是教室的窗户是铁质的，又没有采取防雷措施，结果雷电将众多学生击伤。你对此有什么想法?

对上述报道的想法和建议：______________________________

____

____

____

四、人被击伤后的应急小常识

当人被雷电电流击伤后，如不能及时采取应急措施，将会造成更严重的后果。人被雷击中后，他的身上是不带电的，因为天空中的闪电是很短的一阵，雷电电流击中人后已经通过人体泄放到大地，所以接触受伤者进行抢救是没有危险的。受伤者被雷电的电火花烧伤只是表面现象，最危险的是对心脏和呼吸系统的伤害。通常被雷击中的受伤者，常常会发生心脏停跳、呼吸停止，这实际上是一种雷电“假死”的现象。要立即组织现场抢救，将受伤者平躺在地，再进行口对口的人工呼吸，同时要做心外按摩。如果不及时抢救，受伤者就会因缺氧死亡。另外，要立即呼叫急救中心，由专业人员对受伤者进行有效的处置和抢救。

五、头脑风暴

1. 你觉得避免雷电袭击的措施有哪些？

____

____

2. 知识与途径(请查找本项目未提及的防雷知识)：

____

____

____

六、评价与考核

评价方式	自我评价	相互评价	小组评价	教师评价
评价内容				
备注：根据项目开展需要选择评价方式				

七、知识拓展

几种灾害的防避

(一)泥石流

泥石流是指在山区或者其他沟谷深壑、地形险峻的地区，因为暴雨、暴雪或其他自然灾害引发的山体滑坡并携带有大量泥沙以及石块的特殊洪流。泥石流具有突然性、流速快、流量大、物质容量大和破坏力强等特点。发生泥石流常常会冲毁公路、铁路等交通设施甚至村镇等，造成巨大损失。

1. 预防措施

(1)房屋不要建在沟口和沟道上。

(2)不能把冲沟当作垃圾排放场。

(3)保护和改善山区生态环境。

(4)雨季不要在沟谷中长时间停留。

2. 应急要点

(1)发现有泥石流迹象，应立即观察地形，向沟谷两侧山坡或高地跑。

(2)逃生时，要抛弃一切影响奔跑速度的物品。

(3)不要躲在有滚石和大量堆积物的陡峭山坡下面。

(4)不要停留在低洼的地方，也不要攀爬到树上躲避。

3. 专家提示

(1)泥石流发生前的迹象：河流突然断流或水势突然加大，并夹有较多柴草、树枝；深谷或沟内传来类似火车轰鸣或闷雷般的声音。

(2)沟谷深处突然变得昏暗，并有轻微震动感等。

(3)去山地户外游玩时，要选择平整的高地作为营地，尽可能避开河(沟)道弯曲的凹岸或地方狭小、高度又低的凸岸。

(4)切忌在沟道处或沟内的低平处搭建宿营棚。当遇到长时间降雨或暴雨时，应警惕泥石流的发生。

(二)台风

台风是最巨大、最猛烈的风暴。台风往往会带来暴雨，甚至引起潮浪，淹没广大沿海陆地，冲毁道路。知道有台风来临，要做好预防工作。

(1)海边、河口等低洼地区的居民在台风吹袭前，尽可能到台风庇护站暂避；水上人家和渔民应把船艇驶入避风港；木屋区居民要用铁丝把屋顶绷好，以防狂风把屋顶掀起；居所靠近高压电线的人家，用胶带在窗玻璃上贴出“米”字形图案，以防破碎。

(2)台风吹袭时，切勿靠近窗户，以免被强风吹破的窗玻璃碎片弄伤，并准备毯子和大毛巾，万一窗玻璃破碎时，可以用其堵住风雨。

(3)留在屋内最安全，即使久困生闷，也不宜走到街上去，并储存足够的食物和饮用水，购买备用蜡烛，因为水电供应可能会中断数天。

(4)强风过后不久，“风眼”可能在上空掠过，会平静一段时间，天色变晴朗，风也停止，切勿以为风暴已结束，因为台风可能会以雷霆万钧之势从反方向再度横扫过来。

(三)海啸

海啸是一种破坏力很大、范围很广的灾害，它对于海岸及船上人员的安全具有严重的威胁，需要及时防范。海边的居民及其他人员平时应注意收听广播、收看电视的预报消息，观察海边的潮流动向，把船舶、浮桥等海上漂浮物牢牢地系在柱子上，把其他物品设法固定起来，房屋和围墙要加以修补，把容易漂浮的家具固定起来。

万一被海啸卷进海中，需要沉着、冷静，见机行事，因为有可能会被第二次或第三次涌浪推上岸来。如果正巧被浪推上岸来，应及时抓住地面上牢固的物体，以免被再次卷入海中。地震、海啸发生时若在船的甲板上，应马上蹲下并抓住物体，以免被抛入海中。

在海上随船漂流时，要有坚强的意志，学会节约饮用水，想方设法寻找食物。要想尽一切办法呼救，如喊叫、吹口哨、挥动颜色鲜艳的衣物等。

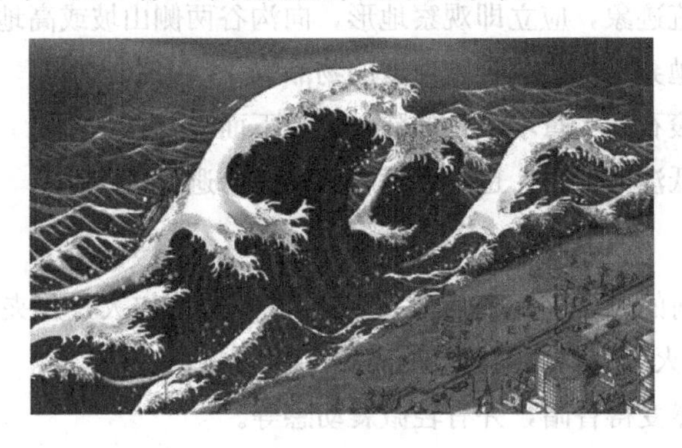

(四)龙卷风

龙卷风是从强流积雨云中伸向地面的一种小范围强烈旋风。龙卷风出现时，往往有一个或数个如同“象鼻子”样的漏斗状云柱从云底向下伸展，同时伴随狂风暴雨、雷电或冰雹。龙卷风经过水面，能吸水上升，形成水柱，同云相接，俗称“龙吸水”。经过陆地，常会卷倒房屋，吹折电杆，甚至把人、畜和杂物吸卷到空中，带往他处，对人民的生命财产威胁极大。

龙卷风发生的地区很广泛，常发生于夏季的雷雨天气，尤以下午至傍晚最为多见，所以不能不防。那么，在龙卷风袭来时，怎样有效地保护自己呢?

(1)龙卷风往往来得十分迅速、突然，直径一般在十几米到数百米。龙卷风的生命期短，一般只有几分钟，最长也不超过数小时。所以在这一段时间最好不要到屋外活动。

(2)龙卷风袭来时，应打开门窗，使室内外的气压得到平衡，以避免风力掀掉屋顶，吹倒墙壁。

(3)在室内，人应该保护好头部，面向墙壁蹲下。

(4)如在野外遇到龙卷风，应迅速向龙卷风前进的相反方向或者侧向移动躲避。

(5)如龙卷风已经到达眼前，应寻找低洼地形趴下，闭上口、眼，用双手、双臂保护头部，防止被飞来物砸伤。

(6)如果在乘坐汽车时遇到龙卷风，应下车躲避，不要留在车内。

第七章

出行安全

导 读

学生们在闲暇时间经常外出购物、旅行、游玩，这些地方车流量大、行人多，各种交通标志眼花缭乱，与校园相比交通状况更加复杂。学生们缺乏通行经验，发生交通事故的概率很高。避免交通事故，维护交通安全，不仅是交通管理部门的事情，青少年更应树立出行安全意识，自觉遵守交通法规，文明行路、行车，确保交通安全。另外，外出旅行应该注意季节与环境等条件，遵守旅行活动的各项安全规定，避免意外事故发生，防患于未然。

第一节　行走与骑车规范

一、情境感悟

一天晚上，某学校两名女学生王某和李某外出购物，从商场出来时外面下起了大雨。两人便撑着一把雨伞急忙往学校方向跑。当穿过人行横道时，一辆中型客车正快速通过十字交叉路口。见到有人，客车司机紧急转方向盘，但车尾仍把两名女生撞倒，造成交通事故。

同学们见到过这样的场面吗？平时你有学习过交通安全常识吗？

____

____

____

____

二、知识探究

走路和骑自行车是基本的交通活动，也是学生每天“必修的基本功课”。从家中到学校，从校内到校外，其间的交通安全涉及每一位学生的健康和千家万户的安宁与幸福。

(一)你能做到安全行走吗?

行人交通事故预防要点如下：

(1)行人上街要走人行道，不要走车行道，遵守车辆、行人各行其道的规定，借道通行时，应当让在其本道内行驶的车辆或行人优先通行。

(2)行人横过装有人行横道信号灯的人行横道时，必须遵守信号灯的规定：绿灯亮时，准许行人通过；绿灯闪烁时，不准行人进入人行横道，但已进入人行横道的，可以继续通行；红灯亮时，不准进入人行横道。

注意：即使信号灯已经变成绿色，也应看清左右的车辆是否停稳，然后穿越道路。

(3)横过街道和公路要走人行横道，不要斜穿或猛跑。

①行人横过街道和公路时，应站立在路边，看清来往车辆后，选择离自己最近的人行横道通过。通过时，须先看左右方向是否有来车，确认来车距离远、无危险后才能通过。

②行人横过道路时，不要突然改变行走路线，不要突然猛跑或突然往后退，以防来往车辆驾驶员措手不及，发生危险。

③横过同方向有两条以上机动车道的道路时，要十分注意驶近或停下的车辆旁边是否还有其他车辆驶来，没有看清时不要冒险行走。

④横过未设人行横道线的乡镇街道或公路时，要看清左右有无来车，千万不要奔跑，不要同来车抢道。

(4)设有人行过街天桥或地下通道的地方，行人过街要走人行天桥或地下通道，不要横穿街道和公路。

(5)列队横过车行道时，每横列不准超过两人，队列须从人行横道迅速通过，没有人行横道的，须直行通过；长列队伍在必要时，可以暂时中断通过，待车辆过去后，再继续通过。

(6)不要在道路上爬车、追车、强行拦车、抛物击车，或在道路上躺卧、纳凉、玩耍、坐卧，或进行其他妨碍交通的行为。

(7)禁止钻越、跨越、翻越、倚坐人行道与车行道间的护栏和隔离墩，更严禁对护栏、隔离墩及其他交通设施如信号灯、标志、标线等进行破坏。

(8)不要进入高速公路、高架道路或者有人行隔离设施的机动车专用道。

(9)学龄前儿童应当由成年人带领在道路上行走，高龄老人上街最好有人搀扶陪同。

(二)你能做到安全骑车吗?

自行车轻便灵活，是外出理想的交通工具，很多同学都选择骑车这种交通方式。尤其是现在随着共享单车的出现，越来越多的同学选择了骑车出行。但是在城市交通事故中，绝大多数是机动车撞到骑车人，从而导致骑车人受伤或死亡。在交通行车中，同汽车、机动车相比较，骑车人总是处于交通弱者的地位。因此，骑车人更应自觉遵守交通法规，文明行车，养成良好的骑车习惯，确保交通安全。同时号召同学们在使用共享单车后一定要放在指定位置，不能故意损坏，不能将共享单车骑进校园内，争做文明好学生。

1. 骑自行车须注意要点

(1)学习、掌握基本的交通规则知识。

(2)要经常检修自行车，保持车况完好，车闸和车铃灵敏、正常。

(3)自行车的车型大小要合适，不要骑儿童玩具车上街，也不要人小骑大车。

(4)不要在马路上学骑自行车；未满12岁的儿童，不要骑自行车上街。

(5)骑自行车要在非机动车道上靠右侧行驶，不逆行；转弯时不抢行猛拐，要提前减慢速度，看清四周情况，以明确的手势示意后再转弯。

骑车人必须具有一定的体力、智力和骑车技术，还需要有一定的交通常识以及对各种事物的识别、分析和判断能力，才能安全使用车辆。医学、生理学和心理学资料分析表明，一个人的发育期通常要满12～13岁，才能初步达到上述最低要求。因此，交通规则从保障少年儿童的安全出发，规定12周岁以下儿童不准骑车。

2. 非机动车交通事故预防要点

非机动车是指自行车、三轮车、电瓶车、残疾人专用车。《中华人民共和国道路交通管理条例》规定：“车辆、行人必须各行其道”。非机动车驾驶员应自觉遵守交通法规，文明行车、行路，确保交通安全。

(1)骑车“十要”：

一要熟悉和遵守道路交通管理法规；

二要挂好车辆牌照，尽量带上防护用具；

三要了解车辆性能，做到车辆的车闸、车铃等齐全有效；

四要在规定的非机动车道内骑车；

五要依次行驶，按规定让行；

六要集中精神，谨慎骑车；

七要在转弯前减速慢行，向后瞭望，伸手示意；

八要按规定停放车辆；

九要听从交警指挥，服从管理；

十要掌握不同天气的骑车特点。

(2)骑车“十不要”：

一不要闯红灯，或推行、绕行闯越红灯；

二不要在禁行道路、路段或机动车道内骑车；

三不要在人行道上骑车；

四不要在大中城市市区骑自行车带人；

五不要双手离把、攀扶其他车辆或手中持物；

六不要牵引车辆或被其他车辆牵引；

七不要扶身并行、互相追逐或曲折竞驶；

八不要边玩手机边骑车；

九不要争道抢行，急转弯；

十不要酒醉后骑车。

三、活动体验

李鑫和张震约好两人一起骑自行车去学校。可是早上起来，外面却下起小雨，如果不骑车去两人就会迟到。那么，在雨天骑自行车应该注意哪些问题？请你告诉李鑫和张震注意事项。

雨天骑车应注意：____

____

____

四、头脑风暴

1. 你觉得导致骑行人员发生交通事故的原因有哪些？

____

____

____

2. 你觉得怎样可以避免交通事故的发生？

3. 现在很多人喜欢骑车走川藏线到西藏，请给这些骑车远行的人提一些建议。

五、评价与考核

评价方式	自我评价	相互评价	小组评价	教师评价
评价内容				
备注：根据项目开展需要选择评价方式				

六、知识拓展

马路上的无声交警

交通指挥管理设施是公安交通管理工作的重要组成部分。公安交通管理机关根据城市交通法规和交通管理的需要，为了维护交通秩序，保障交通安全，便利交通运输，在城市道路上设置了以灯光、图案、线条、文字组成的专用设施，这些设施起着辅助交通民警指挥交通、告诉人们应该怎样通行和停止的作用，是城市交通中不可缺少的设施。因此，交通指挥管理设施又被称为“马路上的无声交警”。

交通指挥管理设施主要包括交通指挥信号灯、交通标志、交通标线和交通隔离设施等。

(一)交通指挥信号灯

交通指挥信号灯也称红绿灯信号，是常见的交通指挥信号。交通指挥信号灯中的信号有三种颜色，即红、黄、绿，由左向右或从上到下排列。

1. 红灯——停止信号

红灯亮时，不准车辆或行人通行，这时的车辆应停在停止线以外，没有停止线的，应停在路口以外。行人应站在人行道、斑马线或路边等候。如果是人行横道信号灯中的红灯亮，行人不准横过车行道。

2. 黄灯——警示信号

黄灯亮时，用以警告驾驶员及行人，红色灯信号即将显示，届时将失去通行路权，不准车辆或行人通行，但已越过停止线的车辆或已进入人行横道的行人可以继续通行。

某些路口若一天中有相当长的时间，交通流量很低，不适用一般定时标志时，则可在该时段内将灯信号改为闪烁光。此时闪光黄灯表示“警告”，车辆应减速接近，注意路口安全，并小心通过。

3. 绿灯——通行信号

绿灯亮时，准许车辆或行人通行。“红灯停、绿灯行”是全世界统一的规则。

圆形绿灯：在无其他标志、标线禁令或指示下，圆形绿灯表示准许车辆直行或左、右转。而在未设行人专用标志之处，则准许行人直行穿越道路。

箭头绿灯：表示仅准许车辆依箭头指示的方向行驶；而在未设行人专用标志之处，也准许行人直行穿越道路。

(二)交通标志

交通标志，简单地说，就是那些竖立在马路旁边，或悬挂在马路上方的各种形状的牌子，目的是提醒驾驶员或行人了解路况、方向及各种规定。

交通标志是依照警告、禁令、指示和指路的需要来设置的。

1. 警告标志

警告标志是正三角形的牌子，其目的是要驾驶员和行人提高警觉，注意道路上的特殊情况，并做好应变的准备。

环形交叉标志

注意信号灯标志

2. 禁令标志

禁令标志有圆形的、倒三角形的等，其目的是告诉驾驶员和行人严格遵守禁令标志所说的内容。

故障车标志　禁止通行标志

禁止驶入标志　禁止骑自行车下坡标志

3. 指示标志

指示标志是指示车辆行人行进的标示，使驾驶员和行人能更顺利地抵达目的地，并促使行车安全。

4. 指路标志

指路标志是传递道路方向和距离信息的标示。指路标志在一般马路上及高速公路上都会经常看到。

向右转弯　机动车道标志

非机动车道标志　步行街标志

(三)交通标线

标志和标线最大的差别在于：标线是画在马路上的，而不是竖在马路旁的。二者的目的相同，标线也是为了帮助驾驶员和行人了解道路状况，确保安全。

标线分为线条、反光导线及危险标记、图形、标字四种类型，最常见的有以下几种。

1. 白虚线

白虚线画在车道中间，用来分隔同方向的车道或用来指示行车的安全距离；若画在路口，则用来引导车辆行进。

2. 黄实线

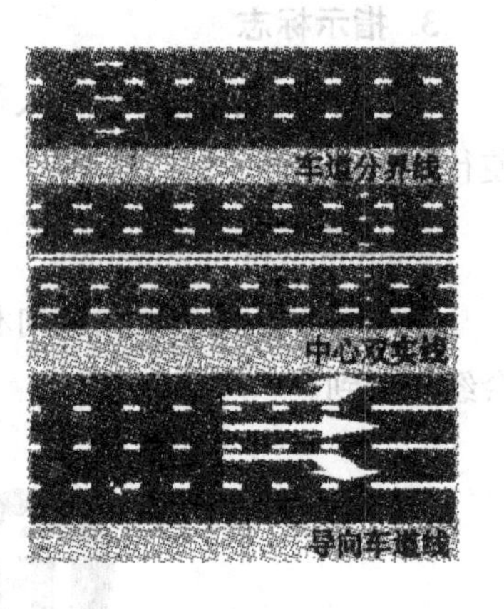

黄实线画在道路中间分隔道路两边，用来分隔不同方向的车道；若画在路边，则表示禁止停车。

3. 双黄实线

双黄实线画在路面中间，用来分隔不同方向的车道，并且双向禁止超车、跨越或回转。

4. 黄虚线

黄虚线是行车分向线，画在路段中间，用来分隔不同方向的车道。

5. 白实线

(1)画在路段中间，用来分隔快慢车道，或指示车道的范围。

(2)画在路口，表示停止线。

(3)画在路旁的方格，表示车辆停放线。

(4)画在同方向分隔道路两旁，用来分隔同方向的车道。

6. 红实线

红实线画在路边，表示禁止临时停车。

7. 双白实线

双白实线画在路面中间，用来分隔同方向的车道，禁止变换车道。

第二节　乘坐交通工具注意事项

一、情境感悟

2016年1月5日凌晨6时30分许，马某携带两桶汽油，从贺兰县马家寨公交站登上开往银川火车站的公交车。7时许，马某用随身携带的打火机点燃汽油后从公交车驾驶座左侧的车窗跳出，逃离至金盛国际家居西边一在建工地楼顶，后被抓获归案。公交车着火造成18人死亡，32人烧伤。

同学们外出坐车时当遇到类似的突发事件时该怎么做？你对乘车安全知识了解有多少？

____

____

____

二、知识探究

交通事故是近代社会发展的产物，是客观存在的社会现象。乘坐交通工具出行，仍有许多安全知识需要掌握，有时只是一个小小的意外，也会造成严重的后果。因此，为了避免因乘坐交通工具出行而出事故，我们更应该学习一些交通安全常识。

(一)你知道乘车安全吗?

汽车、电车、摩托车等机动车，是人们最常用的交通工具，为保证乘坐安全，应注意以下几点。

(1)乘坐公共汽(电)车，要排队候车，按先后顺序上车，不要拥挤。上下车均应等车停稳以后，先下后上，不要争抢。上车后要主动刷卡或买票，遇到老弱病残孕和怀抱小孩的乘客应主动让座。不在车厢内大声叫嚷，不乱扔果皮、纸屑，做一个文明的乘客。

(2)严禁把汽油、爆竹等易燃、易爆的危险品带入车内。

(3)乘车时不要把头、手、胳膊伸出车窗外，以免被对面来车或路边树木等刮伤；不要向车窗外乱扔杂物，以免伤及他人；也不要在车行驶中看书、写字、编织毛衣，以免刹车时伤到自己或他人。

(4)尽量避免乘坐卡车、拖拉机；必须乘坐时，千万不要站立在后车厢里或坐在车厢板上。

(5)乘坐小轿车、微型客车时应系好安全带。

(二)乘车发生意外时怎么办?

(1)服从车站工作人员的指挥，沿着指定路线有序撤离，不要拥挤冲撞。

(2)车辆运行中发现可疑物时，应迅速利用车厢内报警器报警，并远离可疑物，切勿自行处置。

(3)车辆运行中遇火灾事故时，尽快打开车门疏散人员。如果车门无法开启，可利用安全锤或身边的物品破门、破窗而出。

(4)车辆运行中如遇到爆炸事故，乘客应迅速使用车厢内报警器报警，并尽可能地远离爆炸事故现场。

(5)车辆运行中遇到毒气袭击时，乘客应迅速使用车厢内报警器报警，并远离毒源。

(6)地铁列车因停电滞于隧道时，乘客应耐心地等待救援人员的到来。

发生以上情况或其他紧急情况均应及时拨打报警电话。

(三)你知道乘船安全要点吗?

我国水域辽阔，人们外出旅行时会有很多乘船的机会，船在水中航行，会遇到风浪、暗礁等危险。在我国南方很多地区，很多同学上学的时候也经常要乘船，因此，乘船安全需要引起这些同学以及所有乘船者的足够重视。

(1)不乘坐无证照船只。

(2)不乘坐超载船只。

(3)上、下船要排队按次序进行，不得拥挤、争抢。

(4)天气恶劣时，应尽量避免乘船。

(5)不在船头、甲板等位置打闹、追逐，以防落水。不拥挤在船的一侧，以防船体倾斜，发生事故。

(6)船上的许多设备都与保证安全有关，不要乱动，以免影响正常航行。

(7)夜间航行，不要用手电筒向水面、岸边乱照，以免引起误会或使驾驶员产生错觉而发生危险。

三、活动体验

乘坐交通工具大大方便了我们的出行，想一想，平时我们乘坐交通工具时，是否注意了乘坐要点？学完了本节内容，你对乘坐交通工具安全又有了哪些新的认识？请再搜集一些书本中没有讲到的乘坐交通工具出行的安全知识，与同学们互相交流。

乘坐交通工具出行安全知识：______________________________

____

____

____

____

四、头脑风暴

1. 你平时一般乘坐哪些交通工具？有哪些不良习惯？

2. 你觉得怎样才能避免在乘坐交通工具时发生意外？

3. 乘坐飞机的安全常识有哪些？

4. 我的建议（自己选择建议对象）：

五、评价与考核

评价方式	自我评价	相互评价	小组评价	教师评价
评价内容				
备注：根据项目开展需要选择评价方式				

第三节 户外活动注意事项

一、情境感悟

星期天，家住某市区的小美和几个好友一行 5 人乘坐机动船，前往市郊一处尚未开发的风景优美的峡谷游玩。到达目的地后，他们下船步行。这时候，小玲看见山崖边有一朵花长得非常漂亮，而且奇怪，想上去把它摘下来。好友小周说："你一个女孩子上去太危险了，让我来吧。"说完就开始往上爬。结果，当他左手抓着竹子，右手刚刚探到那朵奇花的一刹那，突然脚下一滑，掉落到崖下水潭中。落水后的小周惊恐万分，但在同学的鼓励和帮助下慢慢游回了岸边。

同学们也经常在周末或闲暇时间一起外出旅游吧？在游玩时发生过小意外吗？你对旅游安全知识了解有多少？

____

____

____

____

二、知识探究

中学生闲暇时间多，周六、周日适宜于短途旅游，放松心情，缓解学习压力；"黄金周"也会有大量同学选择外出旅游，调节单调枯燥的日常生活；每年的寒暑假，也是出游的好时机。但是，旅游安全包含内容很多，既有交通安全、财物安全，也有防止人身意外伤害、疾病等。所以，同学们在外出旅行前要做好一切准备，以防意外发生，保证旅游安全。

(一)你知道学生旅游常见的安全事故有哪些吗？

在各项旅游中都有可能发生人身伤亡事故，事故的表现形式多种多样，包括生病、伤亡事故、交通事故、治安事故、火灾事故等。在旅游活动中，尤以游览名山大川、江河湖海的危险最大，最易发生人身伤亡事故，概括起来主要有以下几种常见的情况。

1. 攀登失足

"无限风光在险峰"，如果不顾危险只求无限风光，容易导致人身伤害事故。

引以为戒　北京某学校2名男生到河北省野三坡旅游，下午上山，天黑后迷了路下不了山。他们本应该就地等候救援，但因急于下山就摸黑走山路，其中一学生失足坠崖身亡。

2. 交通事故

引以为戒　2013年6月25日，湖南某学校的5名学生去衡山旅游，在衡阳包了一辆出租车，车内含司机6人(均未系安全带)。因为想赶在第二天清晨到衡山观日出便连夜行车，为了赶时间便超速行驶。晚上 8 时 55 分，当行至 107 国道衡阳地段时，与对面驶来的一辆中型厢式货车正面相撞，货车将出租车推挤 55.85 米后停了下来，造成出租车上 6 人当场死亡。

3. 溺水伤亡

在海滩戏水玩耍或搏击风浪是一件非常愉快的事情，也是中学生十分向往的旅游项目，但麻痹大意很容易酿成悲剧。

引以为戒 2013 年 5 月 2 日，福建省一旅游公司组织某职业学校 48 名学生前往长乐大鹤海滨旅游。3 日中午 11 时，学生陈某在大鹤海滨金沙滩涉水游玩时，被海浪冲倒，附近同学救助不及，陈某很快被海浪冲走。

4. 山中迷路

在原始森林内探险时，游人若不听指挥擅自行动，在山间小道、原始森林中迷路，造成人身伤亡的可能性很大。

引以为戒 某校 2 名男生及 2 名女生结伴去太白山游玩。4 人上山后 2 人一组相继走散。由于晚间山上天气突变，气温急剧下降，其中一组的男、女 2 名同学在山上迷了路。男学生不小心掉到一个 3 米多深的沟里，女学生赶紧下山叫人抢救。等叫来人后，这名男学生已被冻死。

迷路时最重要的是应及早判断自己是否已经偏离正确的路线。

(1)一般解决的方式：一喊，二等，三看，四回忆。喊是招呼同伴，以确定他人的方位，然后慢慢聚拢；等是等待救援；看是观察自己周围的环境，特别是一些有特点的山峰、大树等，及时告诉救援人员；回忆是思考自己走过的路程，尽快确定方向。

(2)迷路后的方向确定：利用指南针、树轮、太阳、北极星，还有树的长势差异等判断。树轮轮晕较宽实的一边朝南，同样树木长势较好的一边也朝南。

(3)迷路的路线选择和决策：一般沿着铁路、公路和河流前进。铁路和公路一般有维护站点，有人员驻守。人类择水而居是一种生存理性行为，在河流的中下游或较平缓的地带大多有人居住。

(二)学生旅游意外事故应当如何预防?

外出旅游，安全第一。旅游安全事故的发生原因是复杂的、多方面的，有时难以预料。如果提高防范意识，不做有悖于安全的事，许多事故是可以避免的。

(1)不要单独出游。特别是出远门旅游的人，最好与熟悉的人结伴同游，这样既可增添旅游的乐趣，又能互相照顾。

(2)不要盲目乱游。有的人在出门旅游前既无目标，也无计划，有种“走到哪里黑就在哪里歇”的感觉，这种毫无目的的乱逛，既浪费金钱，又徒费精力。

(3)外出旅行乘坐交通工具时，应遵守公共秩序，尽量乘坐正规交通工具，拒绝乘坐“摩的”“野的”等非法营运交通工具，保证安全，减少事故的发生，避免在拥挤时丢钱失物，造成经济损失。

(4)不要暴饮暴食。有的旅游者在旅途中饱一顿，饥一顿，看见好吃的就暴饮暴食，没有好吃的便不吃，这种做法是错误的。此外，还要注意饮食卫生，预防肠道感染，防止发生腹泻。

(5)不要轻易交朋友。与陌生人交往应注意，避免上当受骗。

(6)不要随身携带大额现金或贵重物品，谨防丢失、失窃。

(7)不要住“路边店”“黑店”。所谓“黑店”指那些设在车站、码头附近，营业不正规的旅店。这些旅店有的无营业执照，有的虽有营业执照，但由于管理不善，有的甚至还敲诈旅客。住宿时必须办理旅店住宿登记；外出和睡觉时关好门窗；与陌生人同住一个房间要高度警惕，不要轻信他人；保管好自己的财物。

(8)晕车的同学要注意：早饭不要吃得太饱；出发前半小时吃晕车药，或在肚脐上贴伤湿止痛膏；准备几个塑料袋；乘车时靠窗坐；精神放松，不要老想晕车的事；乘车时看车头的窗户或远望，或者和别人聊天分散注意力；不时喝少量的水，吃少量易消化的小食品。

(9)严禁在郊野玩火；严禁在树林或其他禁止烟火的环境中野炊；任何人在防火区内都不得吸烟。

(10)夏季带上藿香正气水、清凉油等防暑药品；不要在强烈的阳光下暴晒，可以带上防晒霜；少量多次饮水，若能提前准备淡盐水更好；酷热的环境下，运动量不要过大。

(11)爬山应编组，体力强的帮助体力弱的，全组整体活动，个人不要离开队伍，上厕所一定要请同学等候或请同学陪伴。地面潮湿、结冰、积雪或长有青苔、干草时，路面会很滑，所以落脚要稳，行走要慢，以防跌倒。

(12)爬山途中，不要开吓人的玩笑。不小心向后跌倒时，应注意保护后脑。行走时，遇到看不清路面的地方，应用木棍、树枝等探路。上山时身体前倾，下山时身体后仰。不要跑着下山，以免因膝关节过度劳累或收不住脚而摔倒。

(13)遇到寸草不生的黑色平地要小心绕行，因为这种平地可能是泥潭，遇到布满苔藓的泥沼也要绕行。陷入沼泽千万不要慌乱挣扎，应设法平卧扩大接触面积，慢慢挪出。

友情提示

未开发的和地处偏僻的景区，因为没有开辟游览路线或缺少安全设施，不适宜游玩，更不能单独去游玩。一旦发生危险，一是不好找救援人员，二是没有人会为在未开发景区发生的事故负责任。因此，千万不要去未开发的景区或独自去偏僻的景区游玩。

(三)学生旅游安全事故应当如何处理?

外出旅游时，有时完全沉浸在玩赏的快乐之中，丢钱、丢物时有发生；有时不注意自己的言行与其他游客发生矛盾，不但影响自己的兴致，甚至会造成不良后果。旅游中登峰临顶，看日出日落，观云海茫茫，或在大江大海里淋漓畅快地游泳，都是非常好的活动项目，但是都具有一定的危险性，稍有不慎就会发生意外事故。

1. 旅途中遇到坏人抢劫怎么办

当单独行走，有人跟踪时，要遇惊不慌，立即改变方向，尽量朝人多的或有公路的地方走，晚上朝有灯光的地方走。如果遇到抢劫，要胆大心细，机智勇敢，想办法发动群众与坏人做斗争。如果是单独一人，则要冷静，以保证生命安全为原则，尽量记住犯罪分子的体貌特征(身高、外貌、衣服等)，及时向公安机关报案。

2. 遇到雷雨天气时应注意哪些事项

遇到雷雨天气要及时躲避，不要在空旷的野外停留，要远离高压输电线。不冒失走险路，以免因浮土活动、石头路滑、视线不清而失足滑跌。尽量寻找低洼地藏身，或立好下蹲，双脚并拢，双臂抱头部下俯，尽量降低身体的高度。如果手中有导电的物体，要迅速抛到远处。千万不能拿着这些物品在旷野中奔跑，否则会成为雷击的目标。

3. 旅途中患病怎么办

旅途中易发的疾病有晕动病、急性胃炎、伤风感冒、中暑等。

(1)晕动病，也称运动病。有的人在乘车、船、飞机时发生头晕、恶心、呕吐等现象，其中少数人可能发展到面色苍白，大量出冷汗，甚至虚脱不省人事。对此病应以积极预防为好，在乘车、船、飞机前20～30分钟口服防治晕动病的药物，如乘晕宁、苯海拉明、胃复安、人丹等，也可临时口含一片生姜或一颗话梅；或在前额、太阳穴处涂清凉油(风油精)；或在肚脐上贴一张伤湿止痛膏；自己用手指按压侧内关穴或第二掌骨侧的胃穴，也有一定的防治效果。

(2)急性胃炎是指由各种病因引起的胃黏膜急性炎症。引起急性胃炎的原因较多，如吃了被细菌或其他毒素污染了的食物，食用对胃有刺激性的药物方法不当等均可引起此病。旅途中预防急性胃炎主要是注意饮食卫生，少吃油腻、生冷和不易消化的食物，不要吃得过饱，多喝开水或茶水，同时要休息好，睡眠充足。一旦发病，要及时吃药治疗。

(3)伤风感冒是由多种病毒引起的常见呼吸道传染病，四季均有发生，但以冬、春季多见。气候骤变，受凉、过劳、空气污浊等情况下更易发生。伤风感冒主要表现为鼻塞、打喷嚏、流清涕、咽部发痒，有的伴有畏冷、发热、食欲不振、头痛、咳嗽、胸闷及全身酸等。对此病的预防，主要是随气温变化及时增减衣服，防止受凉，经常吃些生姜、大蒜、食醋等。治疗中要注意休息好，多饮开水或茶水，忌冷饮冷食。

(4)中暑，遇上闷热潮湿的气候，人体散热困难，体内热量增加就容易使体内热量储积过多，当超过人体耐受限度时发生此病症，表现为头痛、头昏、恶心、呕吐、耳鸣、眼花、心慌、气短、持续高热不退、无汗，严重者伴有昏迷抽风等症状。如有头昏、恶心等中暑征兆，应立即到通风阴凉处休息，用清凉油、风油精涂太阳穴；较重者应平卧，用湿冷毛巾盖在头部，用冷开水或白酒擦身，同时用扇子扇风，促进皮肤降温，或给病人喝些含盐的凉开水、清凉饮料等，必要时送医院治疗。

4. 登山遇险如何自救

攀登海拔较高的山或者攀岩都需要有专门的知识并经过训练，没经过这方面训练的同学切不可冒险尝试。如果是一般的登山活动一定要事先组织好，集体进行，若不小心在登山过程中遇险，可以参照下面的方法进行自救。

(1)躲进洞穴中或在凸出的岩石下暂时栖身。这些地方能遮挡风雨烈日，通常也有水或较湿润，但须提防雷电、暴雨和滑坡。

(2)避开山崩或雪崩的险地，如满布碎石的斜坡。

(3)如果被困在山谷，到周围的高地去要比留在谷底安全。

(4)把多余的衣服或颜色鲜艳的布块铺在地上，以显示自己的位置。

(5)吹哨子或大声呼喊，吸引别人注意。

(6)如果有火柴和木柴，点起一堆或几堆火，烧旺了加些湿枝或青草，使火堆升起大量浓烟。

(7)用树枝、石块或衣服等物品在空地上摆出“SOS”或其他求救字样，每字最少长60厘米。如在雪地里，则可在雪上踩出这些字。

(8)国际通用的山中求救信号是哨声、光照，每6分钟长响或照6次，停顿1分钟，重复同样信号。

三、活动体验

学了这么多郊游避险的知识，同学们一定对外出郊游的安全有了充分的认识，那么选择一个天气好的日子，大家相约一起出去远足吧！但是在郊游前，同学们需要做哪些准备？需要知道哪些安全知识？请你为这次郊游做一个具体明确的计划。

郊游前的准备：________________________________

____

____

____

郊游安全知识：________________________________

____

____

____

四、头脑风暴

1. 你觉得导致旅游安全事故的原因有哪些？

____

____

____

____

2. 你觉得怎样可以避免旅游安全事故的发生？

____

____

____

____

3. 我给喜欢旅游的同学的建议：____

____

____

____

五、评价与考核

评价方式	自我评价	相互评价	小组评价	教师评价
评价内容				
备注：根据项目开展需要选择评价方式				

第四节　游泳注意事项

一、情境感悟

2014 年暑假，成都市某职业学校的几个学生到一风景秀丽的水库游玩。望着微波荡漾、微风拂面的水域，有一个学生不禁脱去衣服，来不及查看水域情况，站到一块略高出岸边的石头上，一头往水里来了个姿势优美的跳水，“扑通”一声扎入水中。然而，随之而来的是惊呼，原来浅滩水深只有两米，结果这个学生颈椎骨折。

2016 年 6 月 17 日，四川省松潘县发生一起溺水事故，6 名刚刚结束中考的应届毕业生到一处天然水潭游泳时发生溺水事故，经抢救 5 人死亡，1 人获救。

同学们也经常在休息时间去游泳吗？听说过因游泳出现意外而受伤或身亡的事件吗？你对安全游泳常识了解多少？

____

____

____

二、知识探究

同学们都喜欢游泳，但千万不可忽视游泳中潜在的危险。溺水是常见的一种意外伤亡，因此，同学们学习游泳必须由会游泳的成年人陪伴，即使会游泳也应结伴而行，并带好游泳救生工具，不要单独下水，同伴之间也要相互照顾和保护。

(一)你知道如何做好游泳溺水事故的预防吗?

发生游泳安全事故，有多种原因。有的是溺水而死；有的是被水呛到炸肺而死；有的是在游泳时被杂草、渔网缠身摆脱不掉而被淹死；有的是不了解水情，一头扎入水中，头部触到石头或扎入泥中而死；也有的是在游泳过程中突然发病，再导致溺水死亡。

游泳时应注意以下几点。

(1)不要游“野泳”。不要盲目相信自己的游泳水平或逞一时之能去野游，也就是不要在非游泳区游泳，尤其是不了解水底情况的野外池塘、河渠，最易发生溺水事故。同时野外的水质也不能保证，不洁净的水会损害健康。

(2)不要独自一人外出游泳，最好几个人一起去，而且其中必须有熟悉水性的人参加，以便互相照顾。如果集体组织外出旅游，下水前后都要清点人数，并指定救生员做好安全保护。

(3)游泳前要了解自己的身体健康状况，最好经医生检查，按有关部门要求办理游泳证。感冒未愈的、皮肤溃烂的、有中耳炎的人都不能游泳。游泳运动强度比较大，对人的心脏、肺功能要求很高，如果有心脏、肺等方面疾病且又较严重的则不能游泳。即便不甚严重，游泳前也应进行体检，听从医嘱，不能凭感觉。游泳过程中，如果突然感觉眩晕、恶心、心慌、气短或四肢抽筋，要立即上岸或呼救。禁止酒后游泳，不在精疲力竭时游泳。

(4)不到有关部门和单位禁止游泳的地方游泳，不到有急流、旋涡的水域去游泳。要到专门的游泳场(池)游泳，并选择好的游泳场所，了解游泳场哪些地方是浅水区，哪些地方是深水区，水下有无礁石、杂草、渔网等，以及水域是否卫生。

(5)下水前要活动身体。如水温较低，应先在浅水处用水淋湿身体，适应后再下水游泳。

(6)要正确估计自己的水性，水性不熟、游泳水平不高的同学应在浅水区游泳，千万不能逞强到深水区去。初学游泳的同学不要仗着浮具到深水区，一旦充气的垫子、泳圈等出现漏气，就会发生危险。

(7)不要贸然入水。天气炎热，下水前应先做淋浴或冷水擦身、洗身，适应后再游泳，以免因温度变化大造成抽筋等意外情况。下水时切勿太饿、太饱。要尽量放松，饭后一小时才能下水，以免抽筋。

(8)不要把汽水瓶、玻璃器皿带到游泳池边，以免破碎扎脚。游泳时如果四肢被水草缠住，不可乱动，先换成仰卧姿势，解脱后从原路返回。

(9)不要在水中嬉戏逗闹，以防不测。不要戴换气管潜水，一旦呛水，非常危险。

(10)如遇到别人溺水而自己不会游泳的情况，不要下水，可以大声呼救或投下救生物，如木棍、木板等。

(二)游泳时抽筋如何处理?

在游泳时发生抽筋是很普遍的。抽筋，也就是肌肉强制性的收缩，往往是因过度疲劳、游泳过久或突然受冷水刺激造成的。当发生抽筋时，千万不要慌张，应立即上岸擦干身体。如果在深水处或腿部抽筋剧烈，无法游回岸上，应沉着镇静，呼人援救，或自己漂浮在水面上，控制抽筋部位。经过休息，抽筋肌肉会自行缓解，然后立即上岸休息。

抽筋的处理方法，通常根据产生的部位分别进行处理。

(1)手指抽筋。将手握成拳头，然后用力张开，张开后，又迅速握拳。如此反复数次，至解脱为止。

(2)手掌抽筋。用另一手掌将抽筋手掌用力压向背侧并做振颤动作。

(3)手臂抽筋。将手握成拳头并尽量曲肘，然后用力伸开，如此反复数次。

(4)小腿或脚趾抽筋。用抽筋小腿对侧的手握住抽筋腿的脚趾用力向上拉，同时用同侧的手掌压在抽筋小腿的膝盖上，帮助小腿伸直。

(5)大腿抽筋。弯曲抽筋的大腿与身体成直角并弯曲膝关节，然后用两手抱着小腿，用力使它贴在大腿上并做振颤动作，随即向前伸直。

(6)腹直肌抽筋。腹直肌抽筋即腹部(胃部)处抽筋，可弯曲下肢靠近腹部，用手抱膝，随即向前伸直。

(三)你知道溺水时怎样救护吗?

溺水是由于大量的水经口鼻进入肺内，或冷水刺激使喉头痉挛而出现窒息和缺氧的急症。溺水者若不及时抢救，常发生呼吸、心跳停止，5～6 分钟就可危及生命。发现有人溺水，必须及时救助。

根据落水时间长短，溺水可分为三种程度。

(1)轻度。落水瞬间淹溺，仅吸入或吞入少量的水，引起剧烈呛咳，此时患者神志是清醒的，血压升高，心跳加快。

(2)中度。溺水后 1～2 分钟，由于呼吸道吸入水分而产生缺氧、窒息，此时患者神志模糊，呼吸浅表、不规则，血压下降，心跳减慢，反射减弱。

(3)重度。溺水 3～4 分钟，因严重缺氧和窒息，患者面部出现紫绀、肿胀，眼结膜充血，口腔、鼻腔、气管充满血性泡沫和污泥，肢体冰冷，昏迷，抽搐，呼吸不规则，胃内充满积水致腹胀，严重者心跳、呼吸停止，瞳孔散大，一般从溺水至死亡 5～6 分钟。

把溺水者从水中救出后，应立即进行现场急救。

(1)立即清除口腔、鼻腔中的堵塞物，如杂草、污泥等。

方法：将患者侧卧，救护人员一手固定患者向上的肩部，另一只手的食指勾出患者口中异物。清理完后，托起患者下颌向上推，使其头部向后仰，并将舌头勾出，保持气道畅通，松解衣扣、腰带。

(2)进行排水动作，驱除呼吸道、肺和胃内的积水，适合于呼吸、心跳尚存者。

方法：①急救者抱住患者双腿，将患者腹部放置于自己肩部，快步走动；②急救者一条腿跪下，另一条腿向前屈膝，将患者俯卧于急救者的膝盖上，使其头低位，轻叩患者背部将水排出；③也可利用自然斜坡或牛背，让患者头低位俯卧，急救者用手掌拍击其背部。

(3)患者已无自主呼吸，心跳已停止时，立即使患者仰卧于地板或木板上，施行心肺复苏术，并长时间坚持，不能轻易放弃救治。溺水者呼吸、心跳恢复后，应及时送医院进行检查治疗。

三、活动体验

放暑假的一天下午，马龙同学一时兴起，想去当地水库游泳，于是便约好友张飞一同去。张飞是个“旱鸭子”，不会游泳，对马龙的这一邀请，他是否应该答应？他应该怎样做？请你帮帮他，并告知他在水库中游泳应注意的问题。

张飞应该这样做：____

____

____

____

在水库中游泳应注意：______________________________________

____

____

____

提示：我校学生夏季预防溺水危险水域。

(1)双流区境内：杨柳河、金马河、锦江、江安河、永安水库。

(2)天府新区：锦江、鹿溪河、江安河、柴桑河、东风渠、南湖、麓湖、兴隆湖、土门子水库、塔寺沟水库、鲢鱼水库、高庙水库、回龙水库、月合水库。

四、头脑风暴

1. 你觉得导致溺水发生的原因有哪些？

____

____

____

____

2. 你觉得怎样可以避免溺水事故的发生？

____

____

____

____

3. 我给“野游者”的建议：

____

____

____

____

五、评价与考核

评价方式	自我评价	相互评价	小组评价	教师评价
评价内容				
备注：根据项目开展需要选择评价方式				